**Recomendaciones para Estudios bíblicos Florecer**

«La brillante y hermosa combinación de esta sana enseñanza, junto con sus cuadros visuales, las listas, las barras laterales y las interesantes gráficas, así como las preguntas tan profundas que sumergen al lector en la escritura, invitan a las mujeres a desear invertir tiempo en el estudio; y cuando recapaciten en ello, verán que fue un tiempo bien invertido».

**Nancy Guthrie,** maestra de la Biblia; autora del libro *Mejor que el Edén.*

«Como líder de un ministerio de mujeres, me emociona el desarrollo de esta serie de estudios, la cual no solo equipará por medio de la oración a las mujeres para aumentar su conocimiento bíblico, sino también, para construir un marco sistemático e integral que las convierta en estudiantes constantes de la palabra de Dios. Esta serie ofrece estudios que nos atrapan desde su contenido visual y accesible, que no solo fortalecerá al creyente, sino también a la iglesia».

**Karen Hodge,** coordinadora del ministerio de mujeres de la iglesia presbiteriana en los Estados Unidos; coautora del libro *Transformed.*

«Si lo que estás buscando es un estudio abundante, accesible y profundo de la Biblia, ¡esta serie es para ti! Lydia Brownback conduce a sus lectores a través de diferentes libros de la Biblia, ofreciendo información histórica, mapas, líneas de tiempo y preguntas que investigan el texto para ir excavando y lograr entendimiento para poner en práctica. Nos sumerge en el contexto de un libro mientras resalta el plan revelado de redención y rescate de Dios. Aprenderás y te deleitarás en la palabra de Dios y amarás mucho más a nuestro rey Jesús».

**Courtney Doctor,** coordinadora de Iniciativas Femeninas de la Coalición por el Evangelio; autora del libro *Del Jardín a la Gloria.*

«La serie de estudios bíblicos de Lydia Brownback nos entrega una guía fiel, libro tras libro. En él encontrarás un conocimiento sustancioso y buenas preguntas que te ayudarán a estudiar e interpretar la Biblia. A través de sus páginas, el estudio te invita a dar respuesta a cada pasaje y a amar a nuestro amado y misericordioso Dios. Seguiré recomendando esta serie Flourish durante años para aquellas personas que estén buscando un estudio sabio, centrado en Cristo, que les ayude a lograr su meta de ser transformados por la palabra».

**Taylor Turkington,** maestra de la Biblia; directora de BibleEquipping.org

«Lydia Brownback tiene un amor por la Biblia que contagia. No solo domina los mejores estudios bíblicos de la última generación, sino que su redacción es comprensible para todos los lectores. Tiene la habilidad única de la claridad sin reducir el contenido. Estoy seguro de que muchas mujeres florecerán en esta serie mediante su guía confiable».

**David Mathis,** maestro sénior y editor ejecutivo de desiringGod.org; pastor de Cities Church en Saint Paul, Minnesota; autor del libro *Hábitos de Gracia.*

# 1–2 PEDRO

Estudios bíblicos Florecer
por Lydia Brownback

*Ester: La mano oculta de Dios*

*1–2 Pedro: Esperanza viva en un mundo difícil*

ESTUDIOS
BÍBLICOS FLORECER

# 1–2 PEDRO

## ESPERANZA VIVA EN UN MUNDO DIFÍCIL

**LYDIA BROWNBACK**

PATMOS

*1–2 Pedro: Esperanza viva en un mundo difícil*


Publicado por Editorial Patmos,
Miramar, FL 33027



Publicado originalmente en inglés por Crossway, 1300 Crescent Street, Wheaton, Illinois 60187, con el título *1–2 Peter: Living Hope in a Hard World*



Traducido por Yvette Cortez
Diseño por Adrián Romano

ISBN: 978-1-64691-278-0
ISBN: 978-1-64691-279-7 (ebook)

Categoría: Mujeres / Estudios bíblicos

Impreso en Colombia | *Printed in Colombia*

Agradecida con Dios por Elaine Bridget Garret,
compañera de exilio y amiga,
quien me animó con la palabra de Dios y
caminó conmigo en este proyecto.

# CONTENIDO

## LA CADENCIA DE 1 Y 2 PEDRO

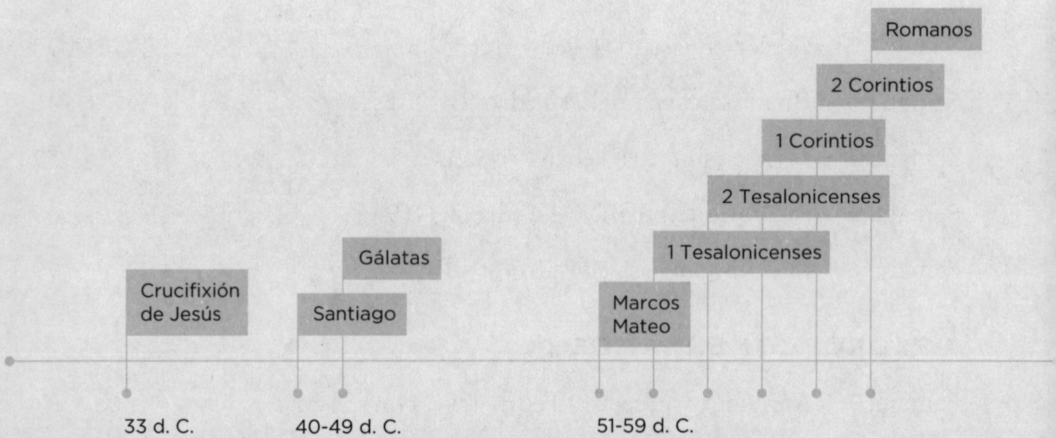

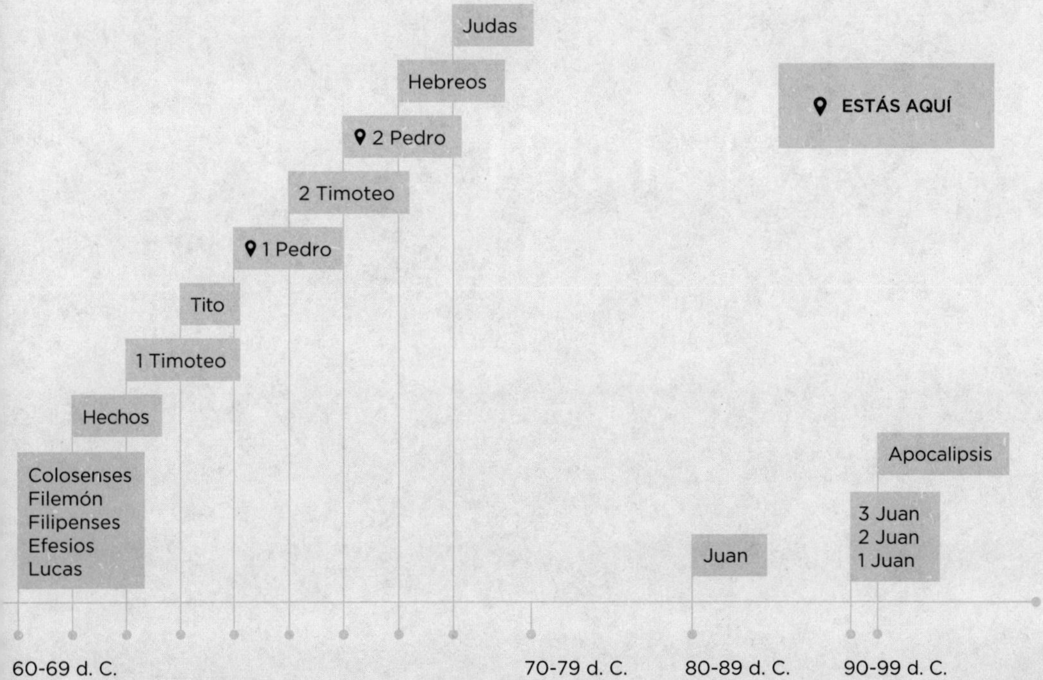

Judas
Hebreos
ESTÁS AQUÍ
2 Pedro
2 Timoteo
1 Pedro
Tito
1 Timoteo
Hechos
Colosenses
Filemón
Filipenses
Efesios
Lucas
Apocalipsis
3 Juan
2 Juan
1 Juan
Juan
60-69 d. C.
70-79 d. C.
80-89 d. C.
90-99 d. C.

# INTRODUCCIÓN

## PROFUNDIZAR EN LAS EPÍSTOLAS DE PEDRO

Tensión. La tensión puede fluir como una corriente subterránea bajo nuestros días, un arroyo incesante que nos acosa en casa y en el trabajo, arruinando nuestras relaciones y perturbando nuestro sueño. El temor sutil, el dardo del miedo, la pulsación leve de un dolor de cabeza..., la tensión tiene una sensación peculiar. Además, no nos tranquiliza mucho cuando comparamos nuestra vida con el mundo que nos rodea. La tensión política, física, racial, está por todas partes. Los creyentes en Cristo Jesús también tienen la tensión del odio que el mundo les tiene, el cual es malentendido y maligno. Y ahora con más frecuencia, nos preguntamos cuándo el desdén que el mundo siente por nosotros se convertirá en una persecución abierta.

El apóstol Pedro entendía la tensión porque también él vivía en medio de ella. De hecho, Pedro sabía por experiencia propia cómo era la tensión, esa que a veces puede sacudir tu fe y hacer que te preguntes si vale la pena andar con el Señor. Y en varias ocasiones tuvo la oportunidad de recordar el consejo de Jesús para los aspirantes a discípulos: «calculen el costo», (lee Lucas 14:25-33). Pedro había aprendido de primera mano que caminar con Cristo *es costoso*, pero que valía la pena en lo absoluto. Por eso, escribió sus dos epístolas, estas dos cartas que se encuentran en el Nuevo Testamento.

### ¿QUIÉN ERA PEDRO?

A Pedro lo conocimos primero en los evangelios. Él era un pescador común. Estaba casado y podemos suponer que tenía hijos, aunque no se nos dijo. El pueblo natal de Pedro era Betsaida, una aldea de pescadores en la costa norte del Mar de Galilea.

El evangelio de Juan nos dice que cuando Jesús vio a Pedro la primera vez, le dijo: «Tú eres Simón, hijo de Juan. Serás llamado... Pedro», un nombre que significa «roca» (Juan 1:42). El evangelio de Lucas relata que Pedro estaba tan sorprendido por el milagro que Jesús hizo, que cayó de rodillas ante Jesús y dijo: «¡Apártate de mí, Señor, pues soy un hombre pecador!» (Lucas 5:1-11). Mateo nos dice en su evangelio que cuando Pedro escuchó a Jesús decir: «Sígueme», Pedro dejó inmediatamente su bote y sus redes, y lo siguió (Mateo 4:18-20). De manera que, por los relatos de estos evangelios, podemos ver que Pedro se había entregado a Jesús desde el momento que lo conoció.

Los evangelios también nos dejan entrever la personalidad de Pedro. Algo que vemos es que, a pesar de que Pedro luchaba con el temor, su timidez no le impedía comunicarse con Jesús. Muchas veces él era el primero en hablar y hacer preguntas o expresar una opinión. Y ¡no tenía miedo de pedir algo! Al mismo tiempo, Pedro era también demasiado seguro de sí mismo, fue así hasta que su debilidad salió a luz cuando negó a su Señor (Lucas 22:54-62). Con toda seguridad, las lecciones que aprendió en esa época, la más dolorosa de su vida, colocó el cimiento para el énfasis sobre la humildad que encontramos en sus cartas.

En la última cena, Jesús le dijo a Pedro: «Satanás los ha reclamado a ustedes para zarandearlos como a trigo; pero Yo he rogado por ti para que tu fe no falle; y tú, una vez que hayas regresado, fortalece a tus hermanos» (Lucas 22:31-32). Ciertamente, Pedro regresó a Jesús, y luego, quedó muy claro que su terrible sacudida había fortalecido su fe, desaparecido su temor y que su corazón había descubierto la humildad. Pedro vivía en una nueva clase de confianza; incluso cuando estaba en prisión, esperando su muerte, fue allí donde escribió sus cartas. Nosotros también podemos florecer, así como lo hizo Pedro, y por esa misma razón: Jesús nos sostiene y nunca nos soltará.

## ESCENARIO

Los seguidores de Cristo en el tiempo de Pedro lidiaban con muchos problemas similares como los que nosotros tenemos. Eran excluidos socialmente por negarse a participar en las actividades pecaminosas de la cultura romana en la que vivían, actividades tales como lanzar a los criminales a las bestias salvajes mientras las multitudes vitoreaban, lo cual consideraban un «deporte». Otra razón por la que despreciaban a los cristianos en aquellos días, era porque ellos creían que Jesús es el único camino a la salvación. Su intolerancia de otras religiones y estilos de vida enfurecían a la sociedad de la cultura dominante. Por todas esas razones, la amenaza de persecución flotaba pesadamente en el aire del mismo modo que la humedad en un día tropical de agosto.

El escenario de 1 Pedro[1]
62-63 d. C.

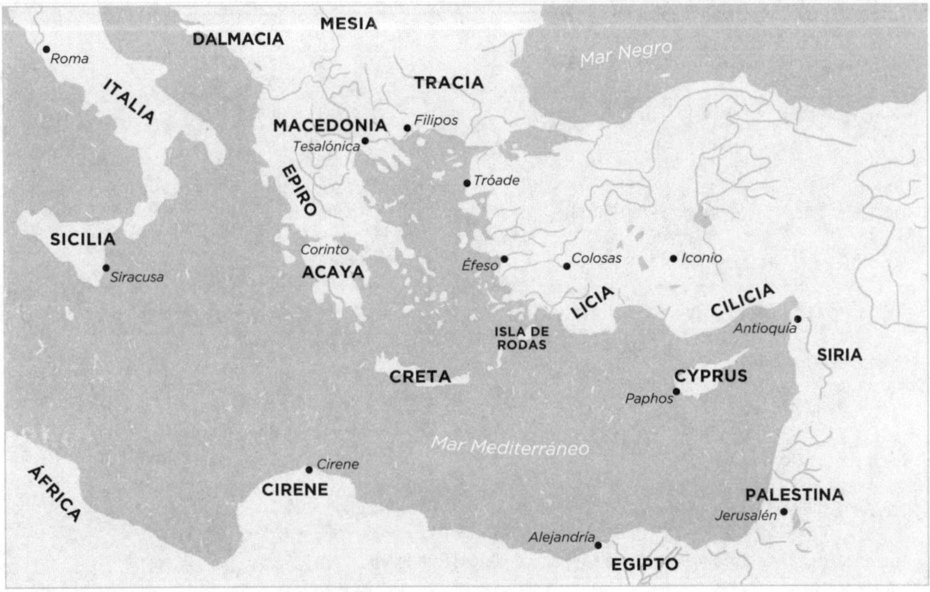


Cuando Pedro escribió sus cartas, el emperador de Roma era Nerón, y es importante notarlo porque él estaba escribiéndoles a las personas que vivían bajo la autoridad romana. Nerón llegó al poder cuando era un adolescente; sin embargo, debido a que era muy joven, gobernó bajo la autoridad de su madre durante varios años antes de reivindicar su independencia. Nerón desconfiaba de muchas, si no de la mayoría, de personas a lo largo de su reino, incluyendo a sus familiares, y quizá por una buena razón. En aquellos días, era muy común que asesinaran a los gobernantes, y Nerón tenía muchos enemigos. En el año 64 d. C., poco después de que Pedro escribió sus cartas, un incendio arrasador había consumido una gran parte de la ciudad romana. Los enemigos de Nerón lo declararon personalmente responsable del incendio. Como una forma de evadir su mala fama, Nerón culpó a los cristianos, lo que desencadenó una amplia escala de persecución que se caracterizó por un sufrimiento espantoso.

Este era el mundo donde el apóstol Pedro llevó a cabo su ministerio, y esto nos da el trasfondo para sus dos cartas. La primera, la escribió uno o dos años antes del gran incendio en Roma, y la segunda, más o menos un año después, cuando la amenaza de la horrible persecución se acercaba. Conocer un poco del mundo de Pedro nos da el contexto para el tema de sus cartas.

## Los eventos en la vida de Pedro[2]

d. C. 30 35 40 45 50 55 60 65 70 75 80

| |
|---|
| Pedro se vuelve discípulo de Jesús **(28/30 d. C.)** |
| Justo antes de la crucifixión, Pedro niega a Jesús **(30/33)** |
| Muerte y resurrección de Jesús **(33 [o 30])** |
| Pedro da testimonio de la resurrección, predica en Pentecostés **(30/33)** |
| Pedro se convierte en un líder clave de la iglesia **(30/33)** |
| Pedro le da testimonio a Cornelio **(38*)** |
| Pedro fue encarcelado por Agripa, pero lo rescataron **(41-44*)** |
| Pedro sale de Jerusalén **(44)** |
| Pedro va a Roma **(50-54*)** |
| Nerón reina **(54-68)** |
| Pedro escribe su primera carta desde Roma **(62-63*)** |
| Incendio en Roma; Nerón culpa a los cristianos y mata a muchos de ellos **(64 [19 de julio])** |
| Pedro, después de escribir su segunda carta, muere como mártir en Roma **(64-67*)** |

*indica fecha aproximada

## TEMAS

Una lectura rápida de la primera carta de Pedro revela un tema principal: *sufrimiento*. Dado el mundo en que él vivía, era de esperarse. Pedro quiere ayudar a que sus compañeros creyentes le encuentren sentido al sufrimiento, además, mostrarles la manera en que Dios obra a través del sufrimiento para su gloria y por el bien de su pueblo.

Los desterrados, o *exiliados*, de sus hogares sufren como resultado, y exiliados es otro tema relevante en la primera carta de Pedro. Los creyentes, a quienes Pedro les escribe, muy probablemente vivían fuera de Roma, lejos de sus hogares y tratando de hacer que la vida funcionara en lugares extraños, muchas veces hostiles. Pedro usa esta circunstancia como una imagen de cómo los cristianos son llamados a llevar su vida en este mundo. En un sentido, todos estamos exiliados hasta que llegamos a nuestro hogar final y permanente en el cielo.

A Pedro también le encanta hablar acerca del *poder transformador de Dios*; algo que él mismo experimentó en sus primeros días como discípulo de Jesús. Podemos ver muy claramente este tema en la segunda carta de Pedro, donde él enfatiza que la gracia de Dios en Cristo hacia nosotros es el medio de nuestra transformación, incluso cuando la vida es difícil. A medida que avancemos en las cartas de Pedro, también encontraremos el tema de la *autoridad*, y aprenderemos lo que significa someterse a las autoridades que Dios ha puesto sobre nosotros. También aprenderemos acerca de los peligros de los *falsos maestros* en la iglesia y la manera en que apartan a la gente de la verdad de la palabra de Dios. Y en ambas cartas veremos qué es la *santidad* y por qué es importante.

**Temas en 1 y 2 Pedro**

- Sufrimiento
- Exilio
- El poder transformador de Dios
- Autoridad
- Advertencia sobre los falsos maestros
- Santidad
- Los últimos días
- El juicio final
- El regreso seguro de Cristo

Probablemente, Pedro escribió su segunda carta desde la cárcel sabiendo que sería ejecutado por su fe, y quizás por eso, especialmente en esta carta, él se enfoca una buena parte en *los últimos días* y el último día, cuando habrá un juicio final. En todo esto, Pedro enfatiza la esperanza que debemos tener a la luz del retorno seguro del Señor.

## CÓMO ESTUDIAR 1 Y 2 PEDRO

Cerca del final de su segunda carta, Pedro menciona a su compañero el apóstol Pablo y el hecho de que algo de lo que Pablo escribe es difícil de entender (2 Pedro 3:16). Bien, en la medida en que avancemos en las cartas de Pedro, desearemos de vez en cuando poder voltear a verlo y decir: «Pedro, ¿nos quieres tomar el pelo con esto? Recuerda, el comal le dijo a la olla "que tiznada estás"». Encontraremos algunos pasajes de los que, incluso los teólogos más enseñados, no están seguros de entender. Así que vamos a apoyarnos en el Espíritu Santo y en los buenos principios del estudio bíblico para que nos ayuden.

Es vitalmente importante mencionar aquí algo acerca de cómo estudiar las epístolas, estas cartas que son una gran parte del Nuevo Testamento. Todas y cada una de las epístolas están llenísimas de enseñanzas sobre la salvación en Cristo Jesús y la manera en que somos llamados a poner nuestra fe en práctica en la vida diaria. A medida que leemos una carta en particular, podemos esperar que ciertos pasajes capturarán nuestro corazón; algún conocimiento nuevo acerca de nuestro Señor o una convicción profunda de cómo debemos madurar en nuestro andar con Dios. Estos descubrimientos son emocionantes, y no guían a profundizar en la palabra de Dios para explotar sus riquezas. Al mismo tiempo, una nota de precaución es útil: es arriesgado edificar nuestro entendimiento del Señor o de la vida cristiana sobre un solo pasaje. Para entender las epístolas y aplicarlas correctamente a nuestra vida, hay tres cosas que debemos tomar en cuenta: (1) la situación del autor; (2) a quienes va dirigida originalmente la carta; y (3) la carta como un todo.

1. *La situación del autor.* ¿Cuándo estaba escribiendo el autor, desde dónde escribía, y por qué lo hacía? Muchas veces los detalles se revelan al principio de la carta, y otras, al final. Es importante explotar esa información al principio de nuestro estudio.

2. *A quiénes va originalmente dirigida la carta.* ¿El autor estaba escribiendo principalmente a los creyentes judíos? ¿O estaba dirigida más bien a los gentiles convertidos? El pueblo judío, Israel, ha sido escogido como el pueblo especial de Dios desde hace mucho tiempo, a principios del Antiguo Testamento. Cuando Jesús vino al mundo siglos después, solo algunos de los judíos creyeron que Él era el mesías por mucho tiempo esperado. Fueron estos cristianos judíos el enfoque principal del ministerio de Pedro. Otras cartas en el Nuevo Testamento se dirigen más específicamente a los creyentes gentiles (es decir a los no judíos), quienes eran completamente nuevos a las cosas de Dios. Entonces, ¿por qué es esto importante? Los es porque nos da un *marco de referencia.* Y este marco de referencia importa porque guía nuestro propio entendimiento de la carta y forma la manera en que la aplicamos. Por eso, también es bueno notar cuando una carta está dirigida a una persona, o cuando una carta es una «circular». Unas cuantas epístolas reciben el nombre de «cartas circulares», lo que significa sencillamente que fueron redactadas para *circular* entre muchas personas, en más de un lugar. Una carta circular era la transportada por un mensajero a la iglesia más cercana en el listado de direcciones, y de allí, seguía su ruta de una iglesia a otra.

3. *La carta como un todo.* Piensa por un minuto en la herramienta de acercamiento en los mapas de *Google*. Para descubrir hacia dónde vamos, tenemos la tendencia

de hacer un acercamiento para ver una calle en particular, tratando de dirigirnos a nuestro destino; sin embargo, la vista a nivel de calle tiene sentido básicamente solo cuando ampliamos la cobertura del lente para ver una imagen más completa, toda el área que la rodea. A esto se asemeja el estudio de una epístola en contexto. Queremos acercarnos, pero para poder entender la cercanía, debemos empezar por ver la imagen completa. Así que lee toda la epístola completa antes de empezar el estudio. Esa es tu tarea de esta sección introductoria: leer completamente la primera epístola de Pedro. (Leeremos directamente toda su segunda epístola antes de lanzarnos a esa parte de nuestro estudio). Y luego, al principio de la lección de cada semana, leeremos todo el pasaje asignado. Y después, volveremos a leerlo. Si estás estudiando en grupo, lee el pasaje una vez más, en voz alta, cuando se reúnan a discutir la lección. *Empaparte del texto de la Escritura es la parte más importante de cualquier estudio bíblico.*

*Empaparte del texto de la Escritura es lo más importante de cualquier estudio bíblico.*

## ESTUDIO GRUPAL

Si estás llevando este estudio como parte de un grupo, querrás terminar la lección de cada semana antes de la reunión grupal. Puedes trabajar las preguntas del estudio de una sola vez o un poco cada día. No te desanimes si no tienes tiempo suficiente para responder todas las preguntas. Solo haz tanto como puedas, sabiendo que mientras más hagas, más aprenderás. No importa cuánto del estudio puedes completar cada semana, el grupo se beneficiará de tu presencia simplemente, así que ¡si no puedes terminar, haz la reunión de todos modos! Habiendo dicho esto, el tiempo de grupo será mucho más enriquecedor para cada participante si terminas la lección anticipadamente.

Si eres la líder del grupo, puedes bajar la guía de líder en: https://www.lydiabrownback.com/flourish-series

## ESTUDIO INDIVIDUAL

El estudio está diseñado para llevarse a cabo en diez semanas, pero puedes fijar tu propio ritmo si estás estudiando solo. Además, puedes bajar gratuitamente la guía de líder (https://www.lydia-brownback.com/flourish-series) si te gustaría recibir guía durante el estudio.

### Plan de lectura

| | Texto principal | Lectura suplementaria |
|---|---|---|
| Semana 1 | 1 Pedro 1:1-12 | |
| Semana 2 | 1 Pedro 1:13-2:3 | Isaías 40:6-8 |
| Semana 3 | 1 Pedro 2:4-25 | Salmos 118:19-24; Isaías 28:16; 52:13-53:12; Oseas 1-3 |
| Semana 4 | 1 Pedro 3:1-22 | Salmos 34 |
| Semana 5 | 1 Pedro 4:1-19 | Malaquías 3:1-5 |
| Semana 6 | 1 Pedro 5:1-14 | Ezequiel 34:1-16; Lucas 22:31-34; Juan 21:15-18 |
| Semana 7 | 2 Pedro 1:1-21 | 1 Corintios 13 |
| Semana 8 | 2 Pedro 2:1-10a | Génesis 6:1-4; 9:1-17; 19:1-38 |
| Semana 9 | 2 Pedro 2:10b-22 | Números 22:1-38; 31:8, 16 |
| Semana 10 | 2 Pedro 3:1-18 | Génesis 6:9-22; 8:13-17 |

# 1 PEDRO

## COMENZAMOS…

Entender el sentido del sufrimiento, en especial, el sufrimiento que experimentamos solo porque somos cristianos, será una de las moralejas de la primera carta de Pedro. Él quiere que estemos firmemente convencidos de que nuestro sufrimiento no significa que Dios nos ha abandonado ni que espera que nosotros soportemos adversidad del tipo «crujir de dientes» por así decirlo. Todo lo contrario, el sufrimiento es un instrumento que Dios usa para producir esperanza en nuestro corazón y para eliminar la contaminación horrible del pecado. La esperanza que recibimos no es solamente para nuestro hogar final en el cielo; también lo es para recibir bendiciones en esta vida. Se nos invita a disfrutar de las promesas salvadoras de Dios aquí y ahora a través de nuestra unión con nuestro Salvador Jesucristo.

*En esta primera carta, Pedro procura «instruir a sus lectores sobre quiénes son en Cristo, para que una nueva manera de verse a sí mismos pueda tanto animarlos como motivar su conducta y decisiones de vida».*[3]

Cuando Pedro escribió esta carta, no había ningún mandato gubernamental contra el cristianismo; pero podemos estar seguros de que algunos cristianos eran perseguidos y castigados por sus creencias. Aunque la persecución mortal no se había esparcido a este punto, los cristianos vivían bajo una nube de recelo en el mundo romano, recibían abuso verbal y varios tipos de discriminación.

SEMANA 1

# LA ESPERANZA VIVA

1 PEDRO 1:1-12

Una joven come su desayuno y ve los veleros de pesca deslizándose en la bahía para luego arremolinarse en el puerto. La luz dorada del sol, justo encima del horizonte oriental, pronostica un día cálido de verano, a lo largo de la costa de Ponto. Repentinamente, un grito fuerte interrumpe la calma de esa mañana, la joven deja su comida y sale corriendo junto con su familia, a la calle. Un escándalo como ese y tan temprano es alarmante; pero la preocupación ansiosa se reemplaza pronto con el gozo cuando la mujer y la multitud descubren de dónde viene: un mensajero llamado Silas llega llevando una carta ¡del gran apóstol Pedro! Durante los días siguientes, todos los creyentes de la localidad leyeron y compartieron la carta y luego, se despidieron a regañadientes de Silas, quien debía llevar el mensaje de Pedro a los demás, a los creyentes de Galacia, Capadocia, Asia y Bitinia.

## 1. SALUDOS (1:1-2)

Toda esa escena de apertura es imaginaria, claro está, pero es una imagen posible de la manera en que la carta de Pedro era transportada a los creyentes en las cinco provincias romanas que Pedro nombra en el versículo uno. Es necesario que nos quedemos un momento en este versículo porque, el hecho de que Pedro se refiere a estos creyentes como «los elegidos, extranjeros dispersos», es muy importante.

Primero, las personas que reciben la carta son *exiliados*, lo que significa que están lejos de su hogar. Ahora bien, podría ser que Pedro usó esta palabra de una manera simbólica, señalando sencillamente que nuestro hogar verdadero no se encuentra en la tierra. En ese sentido, todos somos exilados hasta que lleguemos al cielo. ¡Cuán cierto es esto! Es un tema importante en esta carta.

Al mismo tiempo, a los lectores originales de Pedro se les llamaba no solo «exiliados» sino «exiliados dispersos». En otras palabras, es probable que hayan sido *dispersados*, empujados legalmente fuera de Roma y obligados a vivir en una de las cinco provincias periféricas mencionadas en estos versículos de apertura. Si ese fuera con seguridad el caso, ellos debieron conocer el dolor que se siente cuando se extraña el hogar, y su experiencia pudo haberles ayudado a entender el significado más profundo de Pedro: que todos los creyentes viven en un exilio hasta que están en su hogar celestial.

Pedro usa una palabra más para describir a los exiliados: elegidos. Pedro está escribiéndoles a los exiliados elegidos. Está recordándoles que Dios los llevó allí, a la familia de Dios a través de la vida, la muerte y la resurrección de Jesucristo. Dios los *eligió*, es decir, Él los *escogió* para que pertenecieran a su familia.

¿Por qué el recordatorio de Pedro sobre su lugar asegurado en la familia de Dios ha sido tan alentador para estos creyentes que fueron los primeros en recibir su carta?

¿Cómo se identifica Pedro al inicio de la carta?

*Apóstol* no era una descripción de puesto; era un llamado, específicamente un llamado directo del Señor. Un hombre no podía ser apóstol a menos que recibiera esta llamado y a menos que hubiera estado personalmente con Jesús resucitado. A través de los relatos de los evangelios sabemos que Pedro cumplía con ambos requisitos.

De este modo, Pedro empieza con el saludo común de su época, identificándose primero a sí mismo y luego a quienes les escribe. Y luego, en el versículo 2, él entra directamente a un poco de teología profunda, básicamente delineando la manera en que Dios atrae a su pueblo elegido para ser parte de su familia.

Identificar a las personas como elegidas es lo mismo que decir que son salvas, lo cual es un término con el que estamos más familiarizados. Lee más detenidamente el versículo 2. ¿De qué manera cada persona de la Trinidad participa en la salvación del pueblo de Dios?

- El Padre:

- El Hijo:

- El Espíritu Santo:

Aunque es útil identificar cómo opera cada persona de la Trinidad, debemos tener cuidado de no separarlos nunca. En realidad, el Padre, el Hijo y el Espíritu Santo, todo lo hacen juntos. Nos ayuda imaginarlos de este modo:

> Nosotros, los hijos de Dios, por gracia venimos a un Padre celestial, amoroso, a través de la intercesión y el constante ministerio celestial de nuestro sumo sacerdote compasivo, Jesucristo, a través de las ministraciones útiles de un Espíritu Santo que nos guía. Para decirlo de otra manera, no estamos solos en este mundo. Cuando los interruptores de las tormentas de la vida chocan contra nuestra alma, tenemos un Dios que nos guarda, cuida y provee para nosotros.[4]

No podemos comprender completamente a Dios en tres personas; eso está por encima de nuestras capacidades como seres humanos. Pero lo que sí sabemos es que nuestras bendiciones nos llegan *del* Padre *a través* del Hijo y *por medio* del Espíritu.

Así que, teniendo esto presente, analicemos el versículo 2. Pedro nos dice aquí que los creyentes son apartados para la salvación. Esta separación sucede, primero, a través de la *precognición* de Dios. Esto no solo significa que Dios sabe anticipadamente quién tendrá fe en Él. Significa que Él en realidad supervisa y dirige la salvación de todas y cada una de las personas. Somos salvos porque Dios determinó que lo fuéramos.

La *santificación* es un término teológico que significa «apartado o separado». El Espíritu Santo nos aparta para Dios al llevarnos a la familia de Dios, y luego, nos mantiene seguros en esa familia hasta que llegamos al cielo. A veces, estamos animadamente conscientes de que hemos sido separados del mundo; sin embargo, incluso cuando no podemos detectarlo en nosotros mismos o en nuestra vida, esto sigue siendo una realidad espiritual.

En el versículo 2, Pedro también nos dice que hemos sido salvados por la «obediencia a Jesucristo». Esta obediencia podría ser sencillamente una forma de describir la fe que ejercemos la primera vez que nos volvemos a Jesús para recibir salvación. O quizás, se trate más de nuestro compromiso al discipulado bíblico *después* de haber venido a Cristo. O tal vez, Pedro tenía todo eso en mente.

**«El Hijo y el Espíritu están siempre juntos llevando a cabo la obra del Padre».[5] (Fred Sanders)**

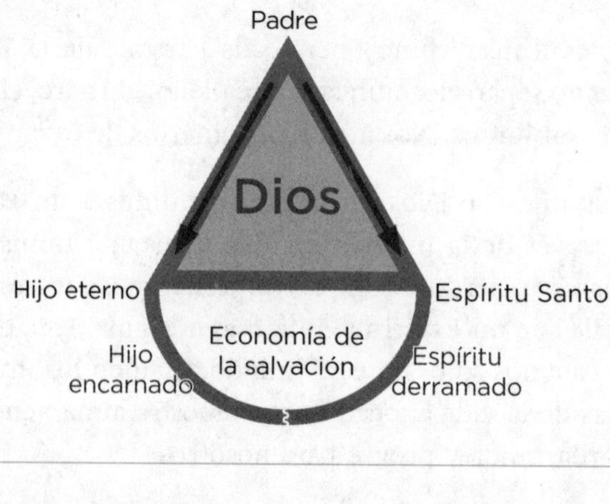

Y luego, Pedro añade que la salvación incluye ser rociados con la sangre de Cristo. Escribir sobre la sangre en el saludo de una carta podría parecernos un poco, es decir, un poco de mal gusto. Pero, al contrario, Pedro lo incluye para esparcir gozo. Él está diciendo que la sangre que Jesús derramó por nosotros en la cruz se ocupó de nuestro pecado pasado, presente y futuro. Así es como nos rocía. Es simbólico, pero por el poder de Dios, también es muy real. El punto es que, debido a que hemos sido rociados con la sangre de Cristo, no tenemos que derramar nuestra propia sangre y morir para pagar por nuestro pecado.

¿Cómo termina Pedro su saludo?

## 2. UNA ESPERANZA VIVA (1:3-5)

A medida que Pedro profundiza en su carta (versículo 3), ¿cuál es su estado de ánimo? ¿Cómo lo sabes?

¿En qué persona de la Trinidad está Pedro enfocado principalmente en los versículos 3 al 5, y qué acciones se le atribuyen a esta persona divina?

- Versículo 3:

- Versículo 4:

• Versículo 5:

En el versículo 3, empezamos a ver la razón del estado de ánimo de Pedro. ¿Qué sustenta la obra de Dios a favor de su pueblo?

Según el versículo 3 ¿qué es lo que la obra salvadora de Dios produce en su pueblo, y de qué manera está esto ligado a Jesús?

En el versículo 4, Pedro se basa en el por qué la esperanza del pueblo de Dios tiene una gran razón de ser, y menciona la herencia que les espera en el cielo a los creyentes. ¿Alguna vez has heredado algo, dinero o alguna posesión valiosa? En el Antiguo Testamento, a las familias israelitas se les heredaban parcelas de la tierra prometida. El traspaso de esta tierra heredada de una generación a otra era de vital importancia porque la identidad de la familia estaba ligada a la propiedad. De manera que, si una familia perdía su tierra o no tenía descendientes a quiénes traspasarla, esa familia corría el riesgo de perder su identidad única. Esta historia de fondo es probablemente la razón por la que Pedro usa el término *herencia* para describir la esperanza que recibimos con la salvación.

Qué tres palabras usa Pedro en el versículo 4 para describir nuestra herencia?

1. ........................................

2. ........................................

3. ........................................

Mientras medita en esas palabras que describen nuestra herencia espiritual, ¿qué es lo que le llama más la atención?

........................................

........................................

........................................

........................................

¿Qué aspecto de la naturaleza de Dios, en el versículo 5, garantiza realmente que obtendremos esta herencia prometida?

........................................

........................................

........................................

........................................

Pedro escribe sobre «la salvación que está preparada para ser revelada en los últimos tiempos» (versículo 5). Esta no es una salvación distinta de la que vivimos ahora, es sencillamente el cumplimiento de esta. Todo lo que disfrutamos en nuestro andar con Dios en esta vida, es puramente una muestra de los deleites que nos esperan en el cielo.

## 3. GOZO EN LA AFLICCIÓN (1:6-9)

Pedro hace un cambio en el versículo 6, trayendo su enfoque sobre el futuro de vuelta al presente. A medida que hace esta transición, él apunta hacia el gozo. Los creyentes que leen su carta están llenos de gozo debido a las bendiciones que vienen junto con la salvación. Justo aquí se revela una verdad muy importante: *Regocijarnos por nuestra salvación es el resultado de entender nuestra salvación.*

*Regocijarnos por nuestra salvación es el resultado de entender nuestra salvación.*

¿Qué más va de la mano en el versículo 6?

¿Qué detalles da Pedro en el versículo 6 acerca de las pruebas de los creyentes?

El versículo 7 empieza con la frase «*para qué*», lo cual une los versículos 6 y 7. Al visualizarlo podemos entender esta unión:

> ... ahora, por un poco de tiempo si es necesario, sean afligidos con diversas pruebas, *para que* la prueba de la fe de ustedes, más preciosa que el oro que perece, aunque probado por fuego, sea hallada que resulta en alabanza, gloria y honor en la revelación de Jesucristo.

¿Qué nos dice la frase «para que» acerca de los propósitos de Dios en nuestras pruebas?

La belleza del oro es evidente solo después de que ha sido llevado a altos niveles de calor en el fuego de manera que todas las impurezas se queman y desaparecen. Esta es la manera en que se refinan los metales preciosos, dicho de otro modo, la manera en que se hacen bellos. El simbolismo del refinamiento también se encuentra en el Antiguo Testamento.

Lee Job 23:8-10; Salmos 66:10-12; y Proverbios 17:3. ¿Qué nos enseña el simbolismo del refinamiento de los metales preciosos en estos pasajes acerca de las cosas difíciles que enfrentamos?

Según lo que dice Pedro en el versículo 7 ¿qué resultado espera Dios de nuestro refinamiento doloroso?

¿Por qué dice Pedro que la fe es más preciosa que el oro más brillante y resplandeciente?

Pedro dice algunas cosas que nos animan en los versículos 8 y 9 acerca de los creyentes que están leyendo su carta. ¿Cuáles son las tres características de su fe salvadora que Pedro identifica en el versículo 8?

En los versículos 8 y 9, Pedro escribe que los creyentes alcanzan el resultado de su fe, la salvación, a través de creer y de tener gozo. Pero, ciertamente, ¡él no quiere decir que la salvación se gana por la fe o por el gozo! Su punto es que, a medida que confiamos en Dios, incluso en medio de dificultades de todo tipo, nos adueñamos de la salvación que ya se nos había dado.

## 4. LA GLORIA REVELADA (1:10-12)

Los cristianos somos grandemente privilegiados porque conocemos por completo lo que el pueblo de Dios en la época del Antiguo Testamento conocía solo en parte.

¿Qué les reveló el Espíritu de Cristo (el Espíritu Santo) a los profetas del Antiguo Testamento?

Según el versículo 12 ¿de qué manera las buenas nuevas del evangelio alcanza la mente y el corazón de las personas?

¿Qué aprendemos aquí sobre los ángeles?

## CONVERSEMOS

1. «En esto regocijaos», escribe Pedro en el versículo 6, hablando de la herencia que nos espera en el cielo. Vuelve a revisar esos versículos de apertura y haz un resumen de las razones que Pedro da para regocijarnos. ¿Podrías decir que te regocijas de la misma manera en que lo hicieron los primeros lectores de Pedro? Si no es así ¿qué te lo impide?

2. Reflexiona en una época de sufrimiento en tu vida. ¿De qué manera caminó Dios contigo en ese tiempo, y cómo te *refinó* eso a ti y a tu fe?

SEMANA 2

# CRECER EN CRISTO

1 PEDRO 1:13—2:3

En estos días, *privilegio* es una palabra de moda, pero el término en sí no es nada nuevo. Se refiere a tener beneficios. Podríamos decir que los privilegiados son aquellos que disfrutan de derechos y recompensas inmerecidas. En ese sentido, los cristianos somos los más privilegiados de todos. Nosotros recibimos todos los beneficios: perdón, provisión, gozo y un hogar eternamente feliz; lo cual es el resultado de la vida, muerte y resurrección de Jesucristo. ¿Cómo deberíamos responder al estatus sorprendentemente privilegiado que hemos adquirido sin tener méritos propios? Eso es lo que Pedro nos enseña en la lección de esta semana.

## 1. LLAMADOS A SER SANTOS (1:13-16)

Pedro empieza esta nueva sección con una frase conectiva: «Por tanto». Une lo que él está por decir a lo que acaba de decir. Él está a punto de dar instrucciones para la manera de vivir a la luz de los dichosos privilegios de la salvación. Nosotros somos los hijos amados de Dios, pero con este gran privilegio vienen grandes responsabilidades.

¿De qué manera Pedro nos instruye, en el versículo 13, para preparar nuestro entendimiento?

En el versículo 13, Pedro habla fuertemente acerca de nuestros pensamientos. La redacción original de su carta dice: «teniendo los lomos de vuestro entendimiento ceñidos». Eso nos parece muy extraño ¿verdad? Sin embargo, tuvo sentido para sus lectores originales debido al tipo de ropa que ellos usaban. En aquellos días, la gente usaba túnicas largas, y cuando tenían que moverse con rapidez, subían el largo de las túnicas y las apretaban con un cincho alrededor de su cintura para evitar enredarse los pies con la túnica. Eso es lo que Pedro tiene en la mente aquí. De la misma forma en que la gente de aquel entonces se preparaba para la acción, ellos debían preparar sus mentes para mantenerse enfocados en Cristo. Y en la manera en que ellos, y nosotros, hacemos este ceñido mental, esta preparación de la mente, es por medio del control de los pensamientos, o en las palabras de Pedro, a través de «ser sobrios».

Pedro usa el término *sobriedad* aquí en el versículo 13, y lo vuelve a usar otras dos veces más adelante en la carta: 1 Pedro 4:7 y 5:8. Mira los tres versículos donde se usa el término y luego escribe una oración o dos sobre lo que significa ser sobrio.

¿Qué paso de obediencia ordena Pedro en el versículo 14? ¿Cuál piensas que es el significado de lo que Pedro llama «su vieja manera de vivir»?

¿Cuál es la instrucción que Pedro da en los versículos 15 y 16, y qué razón nos da para eso?

Pedro respalda sus instrucciones con las mismísimas palabras que el Señor Dios dijo: «Sean santos como Yo soy santo» (Levítico 11:44). Esto nos dice algo vitalmente importante: aunque vivimos en la era del Nuevo Testamento, los mandamientos del Antiguo Testamento siguen vigentes. Cristo cumplió con los mandamientos del Antiguo Testamento que regulaban la vida comunitaria y las ceremonias religiosas, ahora ya no son válidas; sin embargo, los principios morales que están detrás de esas leyes, tal como el llamado a ser santos, todavía están vigentes hoy en día, del mismo modo en que lo estuvieron en la época del Antiguo Testamento.

Quizás has escuchado pastores que hablan sobre los *imperativos* y los *indicativos* de las Escrituras. Un *imperativo* es definitivamente una obligación, algo que se exige que se haga. La Biblia está llena de imperativos en ambos testamentos. Esto podría ser muy deprimente si no fuera por los indicativos. Los *indicativos* en la Biblia son declaraciones de promesas y verdades maravillosas para el pueblo de Dios. Aquí, en los versículos 13 al 16, se aclaran algunas de esas maravillas:

La gracia que experimentamos ahora es un anticipo de la gracia bendita que ha de venir (versículo 13).

Jesús regresará por nosotros, y lo veremos en toda su gloria (versículo 13).

Como hijos de Dios, hemos sido equipados para imitar a nuestro Padre celestial (versículos 15 y 16).

Estas verdades llenas de gozo, los indicativos, nos capacitan para poner en práctica las instrucciones, los imperativos, que Pedro nos da aquí. Enumera todos los imperativos que ves en los versículos del 13 al 16:

1. ..........

2. ..........

3. ..........

4. ..........

5. ..........

## 2. HIJOS DEL PADRE CELESTIAL (1:17-21)

A continuación, Pedro nos recuerda que conocemos a Dios como nuestro Padre porque fuimos «rescatados»(versículo 18, NVI) o «redimidos» con la sangre de Cristo. Cuando vemos la palabra *rescate*, podríamos pensar en una película de suspenso donde a alguien, que es miembro de una familia adinerada, lo secuestran mientras duerme, le vendan los ojos y se lo llevan a un edificio abandonado donde lo retienen hasta que la familia acepta la cantidad de dinero enorme que los secuestradores exigen como recompensa. Esta es una descripción muy buena de lo que hace el pecado. Nosotros estábamos cautivos, retenidos en la atadura de nuestro pecado, hasta que Cristo pagó la recompensa que demandaba el pecado, no en dinero, sino en sangre. Aunque las víctimas de secuestro sean astutas y podrían escaparse de sus captores, nadie podrá escaparse de las paredes de la prisión del pecado. Hasta que nos unamos por fe a Cristo, la muerte y la miseria eterna nos esperan a cada uno de nosotros. Sin embargo, Cristo pagó el rescate. Él murió en la cruz en lugar nuestro, derramó su sangre para que nosotros no tuviéramos que hacerlo. Y no solo nos libertó de la cárcel del pecado, sino que Él nos llevó a formar parte de su propia familia para que su Padre fuera nuestro Padre.

¿Qué aprendemos de nuestro Padre celestial en el versículo 17, y de qué manera se espera que esto le dé forma a la manera en que vivimos?

........................................................................

........................................................................

........................................................................

........................................................................

El «temor» que Pedro tiene en mente en el versículo 17 no es terror. Como miembros de la familia celestial, esa clase de temor está vencido para siempre. Ya no debemos volver a tener miedo de Dios. Pedro tiene en mente una reverencia para Dios, un factor eternamente sorprendente que gobierna todo lo que hacemos. De esa manera honramos a nuestro Padre celestial al nunca dar por sentado la obra de Cristo.

Los patrones pecaminosos que corren en las familias, incluso cuando los patrones no sean evidentes, el pecado está entretejido en la naturaleza del ADN que heredamos de nuestros ancestros primitivos, Adán y Eva. En el versículo 18, Pedro dice que la obra rescatadora de Cristo nos ha libertado realmente de las ataduras de nuestra «vana manera de vivir» que se nos había heredado.

¿Cómo nos ayudan los pasajes siguientes a entender lo que Pedro quiere decir en el versículo 18 cuando menciona la «vana manera de vivir»?

- 2 Reyes 17:14-15

- Romanos 1:21

- Efesios 4:17-18

Pedro dice que a medida que llegamos a conocer a Cristo y lo que ha hecho por nosotros, nos hallamos cada vez más motivados a ir tras una vida santa. Resume lo que nos enseña Pedro en los versículos del 17 al 21 acerca de Jesucristo y de Dios el Padre.

| **Quién es el Padre y qué hace** | **Quién es Cristo y qué ha hecho** |
| --- | --- |
| | |

### 3. EL AMOR FAMILIAR (1:22-25)

Cada una de las personas a las que Cristo rescató, ahora forma parte de la familia de Dios, lo que significa que ¡tenemos más hermanos y hermanas de los que podemos contar! Y estamos llamados a amar a esos miembros de la familia.

¿De qué manera vivir por fe impacta nuestra alma, lo que Pedro llama «obediencia a la verdad» en el versículo 22?

Identifica las características que aparecen en el versículo 22 sobre el amor que debemos tener por nuestros hermanos y hermanas cristianos.

Pedro usa imágenes de jardines en los versículos 23-25, lo cual tomó del profeta Isaías en el Antiguo Testamento, para profundizar nuestro entendimiento de la salvación. (Toma un momento para leer Isaías 40:6-8, que es lo que Pedro cita). ¿Qué revela la ilustración de Pedro sobre el jardín acerca de la manera en que somos salvados?

## 4. CRECIMIENTO (2:1-3)

Pedro no dividió su carta en capítulos. Eso sucedió mucho después. Por eso, cuando leemos el principio del capítulo 2, pareciera que pertenece al capítulo 1. En el principio, todas estas secciones formaban una carta larga y fluida.

En 1 Pedro 2:1 ¿cuáles son los cinco pecados que los creyentes deben «dejar de lado», sacarlos de su vida y de su corazón? ¿Qué es lo que tienen particularmente en común estos pecados?

La primera frase del capítulo 2, «Por tanto» (o «Habiendo» en algunas versiones) conecta las instrucciones de Pedro con el final del capítulo 1. Cuando revisas los versículos finales del capítulo 1, observa por qué los creyentes somos llamados a apartar especialmente los pecados nombrados en 2:1.

La imagen que Pedro da de un bebé recién nacido ¿de qué manera te ayuda para entender el proceso de crecimiento en la fe? ¿Qué es lo que Pedro está comunicando a través de esta imagen?

¿Qué condición, la preposición *si*, adjunta Pedro en el versículo 3 al llamado a crecer? ¿Por qué Pedro habría elegido añadir esta condición aquí?

## CONVERSEMOS

1. Pedro indica que una manera importante para crecer en nuestra fe, es por medio de gobernar nuestros pensamientos (1:13). Él nos llama a preparar nuestra mente para la acción y tener una manera de pensar sobria. (Posiblemente te gustaría leer Romanos 12:2; Efesios 4:20-23; y Colosenses 3:2). A la luz de la importancia que las Escrituras colocan sobre nuestro pensamiento, analiza la manera en que nuestras emociones se toman en cuenta. ¿Cuándo son útiles las emociones en nuestro andar con Dios y cuándo podrían ser un obstáculo?

2. El hecho de que pertenezcamos a la familia de Dios tiene como propósito dar lugar a un amor profundo por el resto de la familia, lo cual incluye a todos los creyentes. ¿Cómo es ese amor según 1 Pedro 1:22 y 2:1? A medida que conversen el llamado al amor que hace Pedro, incluye aspectos en los que a ti te gustaría crecer.

SEMANA 3

# UNA CASA ESPIRITUAL

1 PEDRO 2:4-25

Al atardecer, justo cuando se mete el sol, es un momento ideal para dar una caminata a través de cualquier pueblo. Las casas están bien iluminadas, y desde la acera se pueden ver algunos rasgos de la vida familiar. A muchos de nosotros nos apasionan las casas, la arquitectura, el estilo, la decoración; y una de las razones principales es, sin duda, la base que proveen para el hogar. Comodidad, seguridad, aceptación, es la manera que visualizamos el hogar y lo que anhelamos crear para nuestra vida y la de nuestros seres queridos. Bueno, quizá disfrutemos este tipo de hogar en nuestra vida diaria, pero una vez que estamos en Cristo, tenemos el mejor hogar de todos. Pedro nos enseña que cada uno de nosotros es en realidad parte de una casa, una casa espiritual, y él nos invita a vivir como miembros fructíferos de este hogar.

## 1. PIEDRAS VIVAS (2:4-8)

No siempre podemos ver nuestro progreso espiritual, pero si pertenecemos a Cristo, podemos estar seguros de que está sucediendo. Una vez que estamos unidos a Cristo por fe, nuestra madurez espiritual está garantizada. Es un proceso que los teólogos llaman «santificación», y como parte de ese proceso, nuestra vida está espiritualmente ligada a la vida de todos los creyentes. Para que podamos entender esto, Pedro describe el proceso como la construcción de una casa.

*La santificación es el proceso por el cual, el Espíritu Santo, transforma a los creyentes para que lleguen a ser más y más como Jesucristo.*

Según el versículo 4, ¿de qué manera se edifica a los creyentes como una casa espiritual?

En el versículo 4, a Jesús se le llama «una piedra viva». ¿Qué más dice Pedro acerca de Jesús en este versículo?

Estamos siendo edificados como una casa espiritual, y en esta casa, vivimos como «un sacerdocio santo», y ofrecemos «sacrificios espirituales» (versículo 5). Necesitamos consultar el Antiguo Testamento para que esto tenga sentido. En tiempos del Antiguo Testamento, la gente no podía simplemente adorar a Dios donde sea que quisieran hacerlo. Aquellos que deseaban acercarse a Dios tenían que ir a un templo. Esa era la única casa espiritual verdadera en esos días. El templo es donde el pueblo de Dios iba a adorar, a orar y a disfrutar de la hermandad cristiana. También era el lugar donde los sacerdotes intercedían por el pueblo de Dios por medio del ofrecimiento de animales sacrificados para pagar por los pecados, un asunto sangriento, sucio y apestoso. Una parte del templo, el Lugar Santísimo, era tan sagrado que solamente el sumo sacerdote podía entrar, y podía entrar a este lugar sagrado solamente un día al año para rociar la sangre de un cordero y así expiar los pecados de la gente. Entonces, esa es un poquito la historia de trasfondo. Cuando Cristo vino, todo esto cambió.

Vuelve a leer los versículos 4 y 5. Nuestra llegada a Cristo ¿de qué manera cambia ese sistema del templo, los sacerdotes y los sacrificios del Antiguo Testamento?

- El templo:

- El sacerdocio:

- Los sacrificios:

En nuestro nuevo papel como sacerdotes, se nos pide que ofrezcamos lo que Pedro llama «sacrificios espirituales» (versículo 5). ¿Qué nos enseñan los siguientes pasajes acerca de la naturaleza de esos sacrificios?

- Romanos 12:1-2

- Hebreos 13:15-16

Ahora llegamos al centro de la enseñanza de Pedro en esta sección. La casa espiritual de la que somos parte está firmemente afianzada en Cristo, a quien Pedro llama una «piedra viva» (versículo 4). Es una imagen extraña ¿verdad? ¿Cómo puede tener vida una piedra? No puede, claro está. Aquí, Pedro está citando algo del Antiguo Testamento y luego nos lo muestra: Jesús es la *piedra angular* de esta construcción espiritual. Una piedra angular es la primera pieza de mampostería que se coloca en el cimiento de una estructura nueva, y es la piedra donde todas las demás piedras se colocan, ya sea encima o alrededor de esta. Después, en la piedra angular se puede grabar la fecha de cuando se completó el edificio, el nombre del arquitecto o el de otra persona importante. Pedro saca todos estos simbolismos del Antiguo Testamento.

Pedro regresa al Antiguo Testamento porque quiere que sus lectores entiendan que Cristo siempre ha sido el fundamento del pueblo de Dios, incluso mucho antes de que Él naciera en este mundo. Pedro toma sus argumentos de Isaías 8:14 al 28:16, y del salmo 118:22, que relatan una época en la historia donde algunos constructores rechazaban una piedra en particular por alguna razón desconocida. Este incidente de tiempo atrás llegó a ser un simbolismo del rechazo al Mesías.

Entender todo este simbolismo es un desafío para nosotros, así que pongámonos cómodos para ver aquí todo el panorama. En los versículos 6 al 8, Pedro usa el Antiguo Testamento para mostrar un contraste vital entre dos grupos de personas. Identifica estos dos grupos y lo que le sucede a cada uno.

- Grupo 1:

- Grupo 2:

Pedro termina la lección de la piedra angular con una nota muy seria. Aquellos que rechazan a Cristo como su fundamento cumplen su propio destino. Es decir, su rechazo a Cristo demuestra que no están entre los elegidos.

Tal como vimos en la semana 1, los elegidos son aquellos a quienes Dios ha salvado por fe y los ha unido a su Hijo, Jesús. Nosotros no debemos pensar, ni por un minuto, que Dios rechaza a cualquiera que quiera ser salvo. Vemos aquí en el versículo 8 que aquellos que «desobedecen la palabra», dicho de otra manera, aquellos que se niegan a recibir a Cristo, son participantes dispuestos a sufrir su propio destino. Cuando encontramos cosas difíciles como esta, muchas veces debemos detenernos y orar pidiendo la ayuda del Espíritu para entender y aceptar lo que la Escritura nos muestra.

## 2. NUESTRA IDENTIDAD (2:9-10)

A diferencia de aquellos que rechazan a Cristo y tropiezan, los creyentes andan seguros en una identidad gloriosa de cuatro partes.

Enumera cada parte de nuestra identidad según el versículo 9:

1. ........................................
2. ........................................
3. ........................................
4. ........................................

¿Con qué propósito recibimos esta identidad?

........................................

........................................

........................................

........................................

En el versículo 10, Pedro extrae nuevamente algo del Antiguo Testamento; esta vez proviene del profeta Oseas. Hace mucho tiempo, Dios le ordenó a Oseas que se casara con una mujer perdida, quien lo engañaría con otros amantes y rompería su corazón. Durante esta época tumultuosa, la pareja tuvo hijos, a quienes les dieron nombres para reflejar su matrimonio problemático. A una de las hijas la llamaron «Sin compasión» y a uno de los hijos lo llamaron «No mi pueblo». Todo esto tenía el propósito de exponer la manera en que el pueblo de Dios lo estaba engañando con ídolos y se separaban de su esposo divino. Sin embargo, Dios nunca abandona a su pueblo, incluso cuando ellos sí lo hacen. Así que, para demostrar su sentir por su pueblo, Dios instruye al profeta atribulado para que vaya tras su esposa infiel y que haga lo que sea necesario para llevarla de vuelta al hogar. Esto es exactamente lo que Dios ha hecho por nosotros. Él nos ha llevado a casa por medio de su Hijo, nos ha colmado de misericordia y nos ha hecho su pueblo eterno.

Este recordatorio de Oseas ¿cómo nos anima a vivir nuestra identidad cristiana en la forma en que la define Pedro en el versículo 9?

## 3. UN ASUNTO URGENTE (2:11-12)

Con la misericordia fresca en nuestra mente, Pedro hace una petición urgente en los versículos 11 y 12. Él afianza su petición en nuestra condición: somos exiliados, peregrinos en un recorrido hacia una patria celestial. Vivir permanentemente con esta condición en la mente nos faculta a mantener nuestra vida diaria en perspectiva. Es decir, la vida aquí podría ser difícil, pero es muy corta en comparación a la eternidad y los gozos que nos esperan cuando nuestro recorrido haya terminado.

En el versículo 11 ¿qué instrucción da Pedro acerca de las pasiones carnales?

¿Qué piensas que Pedro quiere decir cuando menciona «las pasiones de la carne»? Si no estás seguro, deberías darle un vistazo a Gálatas 5:19-21 y Santiago 4:1-4.

En el Antiguo Testamento, el término *gentil* se usaba para referirse a las personas que no eran judías, a quienes estaban fuera de Israel, la familia de Dios. Cuando

Cristo vino, la familia de Dios se agrandó para incluir a personas de todas las naciones y razas que creyeran en Cristo como su Salvador; y la palabra *gentil* fue entonces utilizada para señalar a quienquiera que estaba fuera de la fe cristiana. Así que, en el versículo 12, Pedro usa la palabra «gentiles» en la forma en que nosotros usamos las palabras «no creyentes» o «no cristianos».

¿Cómo somos llamados a vivir ante los no creyentes, y cuál es el propósito?

Después de leer los versículos 11 y 12, probablemente te preguntas qué quiso decir Pedro con «el día de la visitación». No es necesario que nos quedemos estancados en tratar de entender completamente su significado exacto porque, sencillamente, no podemos estar seguros. Él podría haber estado pensando en un día específico cuando los no creyentes escépticos cambian y creen, o podría tener en mente el día cuando Cristo regresará para reunir a todo su pueblo y llevarlo eternamente al hogar en el cielo.

## 4. ¿QUIÉN MANDA? (2:13-17)

Estos versículos están saturados de instrucciones para un aspecto específico de vivir en santidad. Si tuviéramos que escoger una sola palabra para resumir esta sección, *autoridad* sería una buena elección.

Lee los versículos del 13 al 14, luego escribe abajo las tres maneras en que Pedro moldea nuestra perspectiva de las autoridades gobernantes.

- La mano de Dios en el gobierno:

- La reacción de los cristianos ante el gobierno:

• El propósito del gobierno:

¿Qué aprendemos acerca de Dios en el versículo 15?

En el versículo 16, Pedro nos hace un llamado a vivir como personas libres y a usar nuestra libertad para servir a Dios en vez de a nosotros mismos. Este es uno de nuestros desafíos más grandes en lo que se refiere a someternos a la autoridad, inclinándonos ante el señorío de Cristo cuando eso podría significar renunciar a un sueño preciado o a un placer que disfrutamos.

¿Qué significa «actuar como personas libres» (versículo 16, NVI)? Para formular tu respuesta, tal vez quieras leer Juan 8:31 al 36.

En el versículo 17, Pedro usa la palabra *honor*, o *respeto*, dos veces. Usa *amor* una vez, al igual que *temor*, que aquí no significa «terror», sino reverencia y asombro. Al unirlos ¿qué comunican estos términos acerca del tipo de sumisión a la autoridad que Dios requiere de su pueblo?

## 5. SIERVOS ATRIBULADOS (2:18-25)

Pedro continúa en el tema de la autoridad, y aquí él cambia su enfoque específicamente hacia los siervos o esclavos. Nos cuesta leer esto ¿verdad? La mayoría de nosotros está muy consciente de las maldades de la esclavitud. Justo aquí, debemos clarificar que la esclavitud en tiempos de Pedro era muchas veces algo voluntario, servir como una manera para pagar una deuda. La Biblia condena profundamente cualquier tipo de esclavitud que incluya el robo de personas (lee Éxodo 21:16). Aun así, los sirvientes y los esclavos en la época de Pedro muchas veces recibían maltrato; sin embargo, él los instruye a soportar. Aquí, Pedro no está defendiendo el abuso. En realidad, está yendo contracultura al dirigirse directamente a los sirvientes y los esclavos. Cuando los incluye en sus instrucciones, él los coloca al lado de todos los demás creyentes en términos de condición y dignidad.

¿Por qué la disposición de un siervo para soportar un sufrimiento injusto es «hallar gracia» (versículo 19) ante los ojos de Dios?

Podríamos preguntarnos por qué Pedro no se dirige también a los amos injustos en este capítulo, sin embargo, a causa de este silencio, no debemos deducir que él justifica el abuso o la injusticia. El maltrato a cualquier ser humanos es lamentable ante los ojos de Dios, tal como ciertamente Pedro estaría de acuerdo. La razón por la que no se dirige a estos pecadores abusivos aquí es porque él está marcando un punto totalmente distinto. En realidad, Pedro nos está llevando a Cristo, el siervo que sufrió más que ningún otro. Quizá puedas apartar un tiempo esta semana para leer en Isaías 52:13 al 53:12 sobre Jesús y su sufrimiento como siervo del Señor.

*He aquí, mi siervo prosperará, será enaltecido, levantado y en gran manera exaltado. (Isaías 52:13)*

Enumera todas las cosas que Pedro dice acerca de Cristo, el siervo que más sufrió, en los versículos 21 al 24.

- Versículo 21

- Versículo 22

- Versículo 23

- Versículo 24

Lee nuevamente los versículos 24 y 25. A medida que sopesas estos versículos junto con todas las palabras de Pedro sobre Cristo en esta sección ¿cómo debemos entender mejor la sanidad que él menciona en el versículo 24?

En el versículo 25, Pedro utiliza dos títulos para referirse a Cristo; ambos títulos describen aspectos de su carácter. ¿De qué manera nos equipan estos títulos para llevar a cabo las instrucciones de Pedro acerca sufrir injustificadamente?

Jesús nos ama sin importar las pruebas que enfrentemos. Esta semana, Pedro nos ha mostrado bastante acerca de nuestro Señor. Hablando de Jesús ¿qué fue lo que más te impactó mientras estudiabas la lección?

## CONVERSEMOS

1. Como cristianos, formamos parte de un pueblo escogido, un sacerdocio real y una nación santa; y pertenecemos a Dios. Esa es la identidad en Cristo de cada uno de nosotros; sin embargo, tenemos la tendencia a identificarnos por lo que tenemos o lo que hacemos. Por ejemplo: «soy mamá» o «soy profesor de matemáticas». ¿Te defines naturalmente por quien eres en Cristo? Si te defines más fácilmente por lo que haces en tu vida diaria o por algo que posees, ¿por qué crees que no apareces aquí? Las categorías de identidad que Pedro nos da: pueblo escogido, sacerdocio real y nación santa, ¿cómo pueden reformar la manera en que nos vemos a nosotros mismos e impactan la forma en que vivimos? Trata de presentar una aplicación práctica.

2. Esta semana, Pedro mencionó figuras de autoridad, desde gobiernos hasta jefes o superiores. En tu vida diaria ¿qué personas o instituciones ha puesto Dios sobre ti? ¿Te es difícil someterte a cualquiera de estas autoridades? Si es así, ¿a cuáles? Habla sobre esas dificultades: cuándo tienden a suceder y por qué.

SEMANA 4

# VIVIR EN AMOR

1 PEDRO 3:1-22

Pedro nos ha estado llamando a someternos a las autoridades que Dios pone sobre nosotros, incluso cuando esas autoridades nos traten mal. Sin embargo, esto no se trata de ganar el favor de Dios o el de la gente que nos rodea. Se trata de amor: «Pues Dios los llamó a hacer lo bueno, aunque eso signifique que tengan que sufrir, tal como Cristo sufrió por ustedes. Él es su ejemplo, y deben seguir sus pasos» (1 Pedro 2:21, NTV). Cristo se sometió por nosotros a un trato injusto. Entonces ¿estamos dispuestos a hacer lo mismo si fuera una oportunidad para glorificar a Dios el demostrar ante los demás nuestro amor por Cristo? Bueno, eso depende ¿verdad? Con toda sinceridad, tendríamos que decir que estamos dispuestos a sufrir *un poco*, dependiendo de las circunstancias; pero, diríamos que hay un límite. Por eso, Pedro amarra su llamado con otra motivación enorme: una magnífica bendición. Cristo triunfó sobre el sufrimiento y la injusticia, y nosotros tenemos la gran oportunidad de participar en las alegrías de esa victoria.

## 1. UNA PALABRA PARA LAS ESPOSAS (3:1-7)

El matrimonio es un regalo de Dios, y cuando se vive tal como Dios lo diseñó, tanto el esposo como la esposa son bendecidos ricamente. Tales matrimonios están destinados a ser una ilustración viva del lazo entre Cristo y su pueblo.

¿Qué razón da Pedro en el versículo 1 para la sumisión de la esposa?

En lo que se refiere a la sumisión, Pedro menciona específicamente la conducta de la esposa. ¿Cómo la describe en el versículo 2?

| La sumisión de la esposa a su esposo | |
|---|---|
| **¿Qué es?** | **¿Qué no es?** |
| • Ayudar<br>• Respetar<br>• Honrar<br>• Animar<br>• Deferir | • Renunciar a tu identidad<br>• Tolerar el abuso<br>• Participar en el pecado<br>• Acallar tu punto de vista<br>• No tener opinión |

¡Es de vital importancia enfatizar aquí que Pedro de ninguna manera está proponiendo que la esposa debe someterse al abuso! El abuso conyugal estaba mal visto en los tiempos de Pedro, no solo entre los cristianos, sino también en la sociedad en general. Así como lo fue antes, y lo es ahora, la evidencia del maltrato a la esposa con toda seguridad impediría en vez de facilitar el testimonio del evangelio. Aquí, el objetivo principal de Pedro es guiar a la esposa creyente a no presionar a un esposo no creyente para convertirlo a la fe cristiana, sino más bien a ganarlo sabiamente para que abrazara la fe.

Pedro describe el tipo de embellecimiento que deleita a Dios. Con exactitud ¿cómo puede la calidad del carácter de un espíritu tierno y sereno hacer hermosa a una mujer?

¿De qué manera los pasajes siguientes traen claridad a lo que Pedro quiere decir con «un espíritu tierno y sereno» (versículo 4)?

- Salmos 131:1-3

- Proverbios 21:9; 29:11

- Gálatas 5:22-23

- 1 Timoteo 2:9-10

En el versículo 3, Pedro también aconseja a las esposas sobre la sabiduría de un aspecto sutil. Les advierte sobre la joyería y los peinados ostentosos; sin embargo, no debemos asumir que él está prohibiendo cualquier tipo de adorno externo o algo parecido. Su punto es que el corazón de una mujer se revela en la manera en maneja su presencia. ¿Su apariencia refleja un corazón que confía en el Señor y halla seguridad en Él, o es del tipo de mujer que confía en la riqueza o en la belleza para ganar favor y aprobación?

En lo que Pedro trata de hacer ahínco es que, cuando una esposa se somete al liderazgo de su esposo, eso es otra faceta que la adorna. Pedro saca esto del Antiguo Testamento, hablando de Sara, la esposa del patriarca Abraham. Pedro nos dice que Sara obedecía a Abraham y lo llamaba «señor». Esto suena como una blasfemia a nuestros oídos, pero el título *señor* se usaba para mostrar respeto, de la misma manera en que llamamos a alguien señor o señora, don o doña. No sabemos si Pedro tenía en mente algún episodio en particular de la vida de Sara. Es muy probable, pero es igualmente posible que él visualizara algo más grande: el matrimonio de ellos en general, lo cual vemos en el libro de Génesis. Pedro pudo haberlo sacado de cualquier cantidad de esposas del Antiguo Testamento para lograr su objetivo aquí, pero eligió a Sara, probablemente porque el pueblo de Dios la había admirado muchísimo en la época de Pedro.

Aun así, sí existe un episodio específico en Génesis al que Pedro podría estar refiriéndose. Es cuando desde la carpa Sara escucha al Señor repetir una promesa que le había hecho a Abraham hace mucho tiempo: «Yo volveré a verte dentro de un año, ¡y tu esposa, Sara, tendrá un hijo!» (Génesis 18:10, NTV). Sara no se había dado por vencida sobre la promesa de Dios de que ella iba a concebir un bebé, aunque ella y Abraham ya estaban viejos. Escucharlo de nuevo, después de todos esos años, la hizo reír y decirse a sí misma: «¿Cómo podría una mujer acabada como yo disfrutar semejante placer, sobre todo cuando mi señor —mi esposo— también es muy viejo?» Dios la escuchó reír y dijo «¿Acaso hay algo demasiado difícil para el Señor?» (Génesis 18:12-14, NTV).

A este punto, es posible que te estés preguntando qué tenía que ver Sara con la discusión de Pedro acerca de los adornos y la sumisión. El pastor David Helm nos ayuda en esto:

> La risa de Sara puede aún escucharse... hoy en día. Las voces de muchas mujeres que escuchan estas palabras sobre la sumisión probablemente exclaman: «Deben estar bromeando. Eso es absurdo. ¿Dios cumplirá las promesas que me hizo? ¿Me protegerá en esta relación?»; y Pedro dice: «Sí. Se puede confiar en Dios». Las mujeres que se entregan a este patrón de vida, aunque «asusta» (versículo 6), serán aquellas a quienes Dios les proveerá en el momento de su necesidad. Aquellas que se entregan a Dios descubrirán que Él cumplirá la palabra que les dio. ¿Y cuál fue la promesa? «Has nacido de nuevo a una esperanza viva para

recibir una herencia incorruptible, inmaculada y que no se marchitará» (lee 1 Pedro 1:3, 4).[6]

Luego, Pedro gira su atención hacia los esposos. Según él ¿cómo deben los esposos demostrarles comprensión a sus esposas? ¿Qué sucederá si un esposo se niega a hacerlo?

## 2. LA DEVOCIÓN EN LA VIDA DIARIA (3:8-17)

Pedro amplía sus instrucciones en este punto para incluir a todos los creyentes, no solo a las esposas y a los esposos. Él anhela que los creyentes lleven su vida de tal manera que todos sean edificados, y también le importa cómo se ven los cristianos antes los ojos de los no creyentes.

Enumera los cinco rasgos que se leen en el versículo 8, que se espera que cada creyente practique en su vida diaria:

1.
2.
3.
4.
5.

Hallar aquí esos cinco rasgos podría haber sorprendido a los lectores originales de Pedro. Eso se debe a que, en aquellos días, esos rasgos típicamente se consideraban solamente en el contexto de lo ordinario, de la vida diaria de la familia; ¿acaso no trataba la carta de Pedro acerca de asuntos espirituales de más peso? A la luz de esa perspectiva ¿por qué piensas que Pedro eligió enumerar esos rasgos aquí, en el contexto de la comunidad cristiana?

Siempre que vemos palabras o instrucciones repetidas en una de esas cartas del Nuevo Testamento, debemos observar cuidadosamente porque la repetición señala que estamos dando en un tema o una inquietud clave. Ese es el caso del versículo 9. ¿En qué se parece el versículo 9 a lo que Pedro escribió en el capítulo 2:19-21?

En la época de Pedro, era impensable no defender sus derechos. De hecho, a quienes no lo hacían se les percibía como débiles y, a veces, eran despreciados abiertamente. La humildad no era una virtud en la sociedad romana, y se consideraba vergonzoso fracasar en la defensa del honor cuando era pisoteado. Quizá por eso Pedro retorna, en los versículos 10 al 12, al salmo 34 para motivar a sus lectores a sacrificar sus derechos como un acto de amor. Esta no es la única vez que vemos reflexiones del salmo 34 en la primera carta de Pedro. De hecho, el mensaje del salmo 34 era probablemente una influencia relevante en los escritos de Pedro.

Lee el Salmos 34. ¿Qué parte de ese salmo se refleja en la perspectiva general de Pedro sobre las cosas difíciles de la vida?

En el versículo 13, Pedro escribe que ciertamente nos evitamos muchos problemas en la vida cuando andamos por el camino justo; sin embargo, incluso cuando andamos en rectitud, y especialmente cuando lo hacemos, puede ser difícil y llevarnos al sufrimiento. ¿Cuál es la promesa que Pedro les recuerda a las personas que sufren a pesar de llevar una vida de rectitud?

Dios toma en cuenta el daño hecho a su pueblo y para Él es de suma importancia estar sintonizado con su sufrimiento. A veces, Él provee una liberación dramática. Otras, Él nos fortalece para que podamos perseverar en medio de la prueba. De cualquier manera, podemos contar con el cuidado de Dios cuando sufrimos por amor a Cristo.

- Pedro exhorta a los creyentes a no temer a quienes los persiguen. Según el versículo 15 ¿qué debemos hacer en vez de eso y cómo debemos hacerlo?

- Lee Lucas 22:31-34, 54-62. ¿En qué parte de esta sección de la carta de Pedro puedes detectar repeticiones del incidente en su pasado?

- Pedro dice que debemos estar preparados y listos para hablar del evangelio y de nuestra fe en Cristo, y que debemos hacerlo con «gentileza y respeto» (versículo 15, NVI). ¿De qué manera Colosenses 4:5-6 mejora nuestro entendimiento de las instrucciones que Pedro nos da aquí?

Pedro enfatiza la importancia de una consciencia limpia en lo que se refiere a compartir nuestra fe. Básicamente dice: «no seas hipócrita». Con esto, Pedro no está insinuando que debemos haber resuelto todos nuestros problemas espirituales antes de hablarles a otros acerca del evangelio. Después de todo ¿quién ha logrado hacer eso? Su punto es que no debe haber pecados ocultos ni secretos en nuestra vida. Especialmente si estos, al ser expuestos, pudieran arruinar la reputación de Jesús, cuyo nombre portamos.

El mismo principio aplica en referencia a la confianza. ¿Conocemos verdaderamente al Señor como nuestro refugio? ¿O profesamos confiar en Él mientras nos apoyamos en algo o alguien más para recibir seguridad y consuelo? Como alguien muy sabio dijo: no podemos guiar genuinamente a los demás hacia Cristo como Salvador si nosotros mismos tenemos otras opciones.

¿Qué comparación hace Pedro en el versículo 17, y de qué manera incluye a Dios?

## 3. CRISTO NUESTRA ESPERANZA (3:18-22)

Si este pasaje te desconcierta, no eres el único. Incluso el gran reformador, Martín Lutero, dijo: «Un texto maravilloso es este, y quizá sea el pasaje más oscuro que cualquier otro en el Testamento... no puedo entenderlo ni explicarle. Y no ha habido nadie que lo haya explicado». Bueno, vamos a ir prestando atención y avanzando lenta pero firmemente a través de este pasaje para entender todo el panorama.

Pedro empieza por hacer que nos enfoquemos en el sufrimiento de Cristo. Cuando sufrimos por nuestra fe, cuando experimentamos injusticia o maltrato, la perspectiva de nuestro sufrimiento cambia al, siempre presente, sufrimiento de Cristo.

Según el versículo 18 ¿por qué sufrió Cristo?

Jesús «sufrió la muerte física, pero volvió a la vida en el Espíritu» (versículo 18, NTV). Es decir, su sufrimiento en la cruz tuvo como resultado su muerte; pero, luego, fue resucitado. El versículo siguiente es donde tenemos algo misterioso. En el versículo 19, Pedro nos dice que Jesús «fue y predicó a los espíritus encarcelados» (versículo 19). Pedro nos dice que estos «espíritus» habían desobedecido a Dios alguna vez; y luego, él menciona a Noe y el arca del primer libro en el Antiguo Testamento: Génesis.

Algunos profesores de Biblia piensan que estos espíritus encarcelados eran ángeles caídos. Otros creen que los espíritus eran personas muertas con quienes Cristo se reunió para compartirles el evangelio en el corto tiempo entre su muerte y su resurrección. Y otros todavía piensan que los espíritus fueron en realidad personas malvadas en el tiempo de Noe, y que Cristo les predicó a través de la boca de Noe para salvarlas del juicio en el diluvio venidero.

No sabemos con exactitud lo que Pedro tenía en mente aquí. Sin embargo, su referencia al arca de Noé y al diluvio, sí nos ayuda a entender algo sobre el bautismo cristiano. El diluvio en el tiempo de Noé era el juicio de Dios. En ese entonces, los impíos fueron juzgados y murieron en el agua. Solamente unos pocos se salvaron cuando los rescataron del agua y subieron al arca para estar protegidos. Así que el sacramento del bautismo refleja realmente lo que les sucedió a aquellos pocos en el arca. En el bautismo, somos simbólicamente salvados de las aguas del juicio y levantados a una vida nueva; todo debido a que Jesucristo murió en lugar nuestro y, luego, fue resucitado de la muerte y llevado al lugar más alto en el cielo. Entonces, cuando Pedro dice que el bautismo «los salva» (versículo 21), no está diciendo que el bautismo es un requisito para la salvación. Sencillamente dice que participar en el bautismo es una señal de nuestra fe en Aquel que sí salva: Jesús.

Tal como Pedro trae la conexión entre el diluvio en los tiempos de Noé y el bautismo, él dice que el bautismo es «pedirle a Dios una conciencia limpia» (versículo 21). Con base en esta enseñanza ¿Qué es lo que verdaderamente limpia nuestra conciencia?

¡Uf! Casi terminamos la sección más desafiante de la carta. Esta es la buena noticia: no es necesario que descubramos quiénes eran esos espíritus encarcelados o qué fue exactamente lo que Jesús predicó o quiénes recibieron su prédica. Si nos alejamos de todos estos detalles, podemos ver el panorama completo.

¿Qué está haciendo Cristo al principio de esta sección, en el versículo 18?

¿Qué está haciendo Cristo al final de esta sección, en el versículo 22?

¿Puedes ver el panorama completo? Sí, Jesús sufrió y murió por su pueblo, pero resucitó y ascendió al cielo. ¡Cristo venció al sufrimiento! Y lo hizo por nosotros.

Pedro quiere que mantengamos fija la mirada en el sufrimiento del Señor cuando enfrentemos el dolor de la injusticia o el maltrato, pero recordar que el resultado es igual de importante. La historia de Cristo termina en victoria, y por eso, podemos estar confiados en que nuestro sufrimiento tampoco es el final de nuestra historia.

## CONVERSEMOS

1. Las palabras de Pedro para las esposas, acerca de la sumisión, pueden ser difíciles de escuchar y hasta difíciles de poner en acción. Piensa en un matrimonio devoto que ves personalmente, que procura vivir cumpliendo los principios bíblicos. Podría ser el matrimonio de unos amigos o de tus padres o el de tu pastor. ¡Quizá incluso tu propio matrimonio! Hasta donde tú sabes, ¿de qué manera se toma en cuenta la sumisión en este matrimonio, qué bendiciones has notado (o experimentado) a causa de eso?

2. Pedro quiere que entendamos que el triunfo de Cristo sobre el sufrimiento sucedió con el propósito de darnos esperanza en medio de nuestro propio sufrimiento y que realmente cambiemos la manera en que vivimos. Lee Romanos 6:3-4 y Efesios 2:4-7 y explica la manera en que la victoria de Cristo prácticamente nos cambia. ¿De qué manera te anima en lo personal en una prueba o lucha por la que estés atravesando en este momento?

SEMANA 5

# EL DIOS QUE PURIFICA

1 PEDRO 4:1-19

El sufrimiento, hasta ahora, lo hemos encontrado en cada semana de nuestro estudio, particularmente el sufrimiento de nuestro Señor Jesucristo. En el capítulo 4 volvemos a encontrar el sufrimiento, pero aquí el énfasis de Pedro es un poco distinto. Hasta ahora, Pedro ha resaltado el sufrimiento de Cristo como una manera de animarnos a perseverar en nuestras propias dificultades, más especialmente en las pruebas que sufrimos debido a nuestra fe. Aquí, en el capítulo 4, Pedro nos lleva un paso más adelante, nos llama a ver nuestro sufrimiento como parte integral de nuestra identidad como cristianos. Nuestra tendencia natural es oponernos al sufrimiento, ¿verdad? Sin embargo, cuando obtenemos un entendimiento más completo del propósito de Dios para ello, nuestra resistencia se relaja. Allí es a donde nos lleva Pedro esta semana. Además, nos llama a amar a los demás de manera práctica y concreta, sin importar nuestras circunstancias. La mejor manera de prepararnos para el estudio de esta semana es orar. Pide que Dios te provea una gracia que te faculte para escuchar con el corazón y recibir abiertamente lo que escuches.

## 1. LA VIDA A FUTURO (4:1-6)

Una vez más, Pedro nos ancla en Jesucristo a medida que nos guía para lidiar con nuestro sufrimiento. Aquí, Pedro nos llama a «armarnos» con la actitud que Jesús tuvo hacia su sufrimiento: voluntad para aceptarlo. Cuando permitimos que Jesús transforme nuestro pensamiento, no estamos propensos a entrar en pánico cuando llega el sufrimiento o a hacer algo (¡lo que sea!) desesperado para evadirlo. Allí es a donde Pedro quiere llegar cuando escribe: «quien ha padecido en la carne ha terminado con el pecado» (versículo 1). Si estamos dispuestos a sufrir por nuestra fe, no vamos a procurar escapar por medios pecaminosos o insensatos.

¿Cómo clarifica Pedro esta actitud devota en el versículo 2?

Pedro dice que los no creyentes («los gentiles») quieren vivir de cierto modo, lo desean y lo persiguen. Cuando ves en el versículo 3 el listado de los vicios que Pedro escribe, ¿qué piensas que caracteriza a quienes viven de esta manera? (Pista: las virtudes opuestas están identificadas en el versículo 7).

¿Por qué crees que los no creyentes buscan fervientemente las indulgencias excesivas y destructivas? Proporciona una respuesta de cada uno de los pasajes a continuación.

- Romanos 1:28-31

- 1 Corintios 10:7; 12:2

- Efesios 4:17-19

Pedro dice que los no creyentes se sorprenden cuando los cristianos detienen las indulgencias pecaminosas. Lejos de Cristo, la mayoría de las personas viven en busca del placer, procuran satisfacer cada antojo físico, y «calumnian» o desprecian malvadamente a quienes ya no participan con ellos (versículo 4). Los pecadores que no se arrepienten odian a quienes procuran vivir en los caminos de Dios porque los hace sentirse culpables. ¿En qué perspectiva general insiste Pedro en el versículo 5 para fortalecernos en estas situaciones?

Esta sección termina en otra de esas notas «Pedro, ¿de qué hablas?», cuando nos dice en el versículo 6 que el evangelio fue predicado «aún a los muertos». Su significado es realmente muy sencillo: él tiene en mente a las personas que estaban vivas cuando escucharon el evangelio, pero que murieron desde entonces. El punto básico de este versículo difícil es que Dios va a juzgarnos a todos, y aquellos que desean evitar el juicio de Dios deben acatar las buenas nuevas de salvación en Jesús en esta vida, *antes* de que mueran.

## 2. AMOR SINCERO (4:7-11)

«El fin de todas las cosas se acerca», escribe Pedro en el versículo 7. ¿Puedes percibir aquí el sentido de urgencia? Se supone que debe dar forma a la manera en que conducimos nuestra vida diaria. El día del juicio podría llegar en cualquier momento. Esta era, «el fin de todas las cosas» o «los últimos días» (Hebreos 1:1-2), empezó en el tiempo de Cristo. Su venida a la tierra para morir por nuestros pecados era el momento decisivo para la historia del mundo entero. Hemos estado en el tiempo del fin desde que Jesús resucitó y ascendió al Padre en el cielo.

¿Cuáles dos rasgos de carácter van a definir a los creyentes en su vida diaria, y de qué manera esos rasgos son un contraste directo de lo que Pedro revela sobre los no creyentes en el versículo 3?

Pedro hace una conexión clara entre la autodisciplina y la oración al final de versículo 7. ¿Cómo explican los pasajes siguientes la razón por la que Pedro hace dicha conexión?

- Mateo 26:36-41

- Lucas 21:34-36

Pedro asegura lo que vemos a lo largo de las Escrituras: se espera que el amor sea nuestra primera prioridad (versículo 8). ¿Cómo caracteriza Pedro el tipo de amor que los creyentes deben tener los unos por los otros?

Pedro añade aquí que el amor cubre pecados, pero no significa que los borre o quite el dolor que causan. El punto que él hace es que el amor quiere ver lo mejor en los demás y que interpreta las circunstancias con un punto de vista favorable cuando sea posible; e incluso cuando no lo sea. El amor no se complace en enfatizar el pecado de alguien ni en discutirlo con los demás.

En el versículo 9, ¿de qué manera se pone en práctica el amor y cómo debemos hacerlo?

«El amor también se practica cuando usamos nuestros dones espirituales», escribe Pedro en los versículos 10 y 11. ¿Cuáles son las dos categorías de dones que Pedro menciona aquí, y qué condición le aplica a cada uno?

| | **Categoría del don** | **Condición** |
|---|---|---|
| 1. | | |
| 2. | | |

Una variedad de dones espirituales cae bajo estas dos categorías generales. La primera categoría tiene la tendencia a ser más visible que la segunda, pero ambas son igualmente importantes. Independientemente de los dones que tengamos, cuando los ponemos en práctica, Dios nos usa y administra su gracia a los demás. ¿Cuál es la razón dominante que se provee aquí por la cual recibimos dones espirituales?

El versículo 11 termina con una doxología: «¡A Él sea toda la gloria y todo el poder por siempre y para siempre! Amén» (NTV). La doxología es una expresión de adoración a Dios y muchas veces aparece al final de una carta o de una sección de esta. La doxología de Pedro aquí pone un final glorioso sobre nuestra motivación para que vivamos cristianamente.

*¡A él [Dios] sea toda la gloria y todo el poder por siempre y para siempre! Amén.*

## 3. PRUEBAS DE FUEGO

El sufrimiento, Pedro regresa al tema cuando empieza esta sección de su carta. Claramente, él desea que sus lectores visualicen el sufrimiento, las pruebas de fuego (versículo 12), desde la perspectiva de su destino eterno con un Dios amoroso.

Según el versículo 12, ¿cómo deberíamos ver las pruebas que enfrentamos, y qué indica la manera en que las vemos?

Pedro clasifica las pruebas como «de fuego» (versículo 12). Posiblemente estaba pensando en la descripción del profeta Malaquías, en el Antiguo Testamento, sobre cómo Dios perfecciona a su pueblo a fin de protegerlos de su juicio aterrador. Lee Malaquías 3:1-5 y Hebreos 12:7-11. ¿Cómo estos pasajes nos sirven para entender un poco mejor el por qué Pedro pudo haber descrito nuestras pruebas como «de fuego»?

En los versículos 13 y 14 ¿cómo nos dirige Pedro a reaccionar ante las pruebas, y por qué?

Llegará el día, el día cuando Cristo regrese a la tierra revelando su gloria, cuando nos regocijaremos verdaderamente por los sufrimientos que hemos atravesado. Pero de las bendiciones que nos llegan como resultado del sufrimiento, no todas están orientadas al futuro. Pedro nos dice que incluso ahora, cuando sufrimos por ser cristianos, recibimos una bendición especial: el Espíritu Santo habita en nosotros de una manera particular.

Identifica las dos clases de sufrimiento que Pedro resalta en los versículos 15 y 16.

1. ..........

2. ..........

Es un poco sorprendente que Pedro incluya la intromisión en su listado de pecados en el versículo 15. ¿Qué es la intromisión? Básicamente, es involucrarnos en algo que no es asunto nuestro. La intromisión no solo parece tan mala como las otras cualidades que él menciona: asesinato, robo y hacer el mal; sin embargo, cuando pensamos en la intromisión en términos de cómo puede impactar nuestra reputación cristiana, obtenemos una idea del por qué Pedro la incluye aquí. Los metiches, los sabelotodo y aquellos que se meten a la fuerza sin que los invitaran en los problemas de los demás, no reflejan la gentileza, la manera respetuosa en la que Jesús abordaba a las personas durante su ministerio; y, tal como Pedro ha estado diciendo a lo largo de esta sección, en todo lo que haga, el pueblo de Dios debe procurar glorificarlo (versículos 11 y 16).

Pedro señala rápidamente que no hay vergüenza en el sufrimiento porque nosotros portamos el nombre de Cristo: «Pero si alguien sufre como cristiano, que no se avergüence... Porque es tiempo de que el juicio comience por la casa de Dios» (versículos 16 y 17). Las palabras de Pedro sobre el juicio en la casa de Dios nos remontan nuevamente al profeta Malaquías, donde aprendemos cómo Dios purifica a su pueblo de la misma manera que los metales son refinados por fuego (Malaquías 3:1-5). Otro profeta del Antiguo Testamento, Ezequiel, también tuvo una visión del juicio de Dios sobre su pueblo obstinado. En esta visión, en Ezequiel 9:1-6, el juicio de Dios empieza con los líderes religiosos, porque ellos fueron los principales responsables de haber guiado al pueblo de Dios al pecado. Sin embargo, fue un juicio doloroso para la extensión total de su pueblo. Aun así, la intención de Dios en este juicio, era purificar y eliminar las influencias corruptas. En otras palabras, estaba predestinado para ser algo bueno a largo plazo, no para destrucción. Esta obra purificadora es el tipo de juicio que Pedro tiene en mente aquí.

Tomando en cuenta ese trasfondo ¿cómo responderías la pregunta de Pedro que está al final del versículo 17?

.............................................................................................

.............................................................................................

.............................................................................................

.............................................................................................

Luego, Pedro respalda su punto con Proverbios 11:31, el cual cita en el versículo 18: «Y si el justo con dificultad se salva, ¿qué será del impío y del pecador?»

Pedro no está diciendo que los creyentes apenas llegarán al cielo; su punto es que la purificación dolorosa definitivamente juega una parte en la manera en que Dios nos prepara para vivir en nuestro hogar eterno. El fuego de Dios destruye al malvado, pero para quienes le pertenecen a través de Cristo, ese mismo fuego quema solamente la porquería y el fango restante que el pecado provocó.

En el versículo 19, Pedro resume todo lo que ha estado diciendo acerca del sufrimiento. Tomando en cuenta todo lo que él escribió ¿cuál es nuestra reacción de dos partes, y por qué es una reacción segura para nosotros?

1.

2.

## CONVERSEMOS

1. «Ya es suficiente el haber hecho en el tiempo pasado los deseos de los gentiles», escribe Pedro (4:3, RVA-2015). ¿Cambiaron notablemente tus deseos y necesidades después de que te convertiste en creyente? Si no puedes recordar una época cuando no caminabas con Dios, ¿cómo has experimentado un cambio en tus gustos y deseos a medida que has aumentado tu fe?

2. ¿Se te dificulta confiar en Dios cuando Él permite adversidades en tu vida? Si es así, en el estudio de esta semana, ¿qué puede ayudarte a confiar en Él y a evitar hundirte en el temor cuando enfrentes tu próxima prueba de fuego?

SEMANA 6

# EL CAMINO A CASA

1 PEDRO 5:1-14

El gozo de nuestro hogar eterno se posa enfrente de nosotros. Todavía no llegamos, pero sabemos que hemos estado unidos a Cristo por medio de la fe y que nos dirigimos a nuestro hogar. El viaje es difícil y Pedro nos ha mostrado claramente que a lo largo del camino tendremos sufrimiento. Sin embargo, el dolor que enfrentemos, sin importar cuál sea, nunca se comparará a la bendición que nos aguarda en nuestro hogar. Mientras tanto, seguimos caminando conforme a las instrucciones que Pedro nos dejó para guiar nuestro peregrinaje, el cual nos explicó al final del último capítulo: «Así pues, los que sufren según la voluntad de Dios, entréguense a su fiel creador y sigan practicando el bien» (4:19, NVI). Confiamos en que Dios tiene planes de bien para nosotros, incluso en medio del sufrimiento, y porque confiamos en Él, podemos seguir adelante y seguir usando de la mejor forma nuestros dones y llamado.

## 1. EL CAMINAR DE LOS PASTORES DEVOTOS (5:1-4)

Pedro empieza el capítulo 5 con instrucciones detalladas para el ministerio de los líderes de la iglesia, específicamente a los llamados «ancianos». Estos ancianos tienen el objetivo de guiar al pueblo de Dios de la misma manera en que los pastores guían a las ovejas.

✣ Al iniciar con sus instrucciones, Pedro llama la atención de sus lectores mediante su experiencia personal. Identifica los tres elementos que Pedro menciona sobre él mismo en el versículo 1:

1. ..................................................

2. ............

3. ............

Una situación determinante del pasado de Pedro es la que provoca que piense que los ancianos son pastores y por lo que seguramente se incluye entre ellos. Años atrás, Pedro se había resistido a sufrir por Jesús. Pensaba que estaba dispuesto a hacerlo, pero en cuanto se amedrentó, incluso negó conocer a su Señor. A pesar de ello, esa negación cobarde no era el fin de la historia de Pedro, sino al contrario, era solo el principio. Lee Juan 21:15-19 y escribe cómo el episodio que se registra en ese pasaje refleja las instrucciones que Pedro nos entrega en su epístola.

............

............

............

............

Pedro detalla que el propósito de los ancianos es pastorear a quienes están bajo su cuidado. Observa los tres contrastes que Pedro usa en los versículos 2 y 3:

no ............ sino ............

no ............ sino ............

no ............ sino ............

En el estudio de 1 Pedro 4 de la semana pasada, pudimos ver que probablemente Pedro tomó de Ezequiel 9:1-6 la enseñanza de que Dios juzga a los líderes malvados por esa misma maldad y limpia a su pueblo por medio del fuego purificador del sufrimiento. Ahora, en este capítulo 5, en donde Pedro da instrucciones a los ancianos, vemos más destellos de Ezequiel.

Lee Ezequiel 34:1-6. ¿Cómo tomaron la función de liderazgo los líderes de los tiempos de Ezequiel, los llamados «pastores de Israel»?

............

............

Pedro termina estas instrucciones pastorales con una promesa: los fieles ancianos, los pastores del pueblo de Dios recibirán una corona cuando Jesús, el señor de los pastores, regrese para llevarse a casa a su pueblo. Pedro también pone a Jesús ante ellos como un modelo. Los líderes de la iglesia son pastores secundarios que deben poner su atención en el señor de los pastores para aprender a liderar. Incluso así, solo existe uno que puede pastorear a la perfección. ¿Qué revela Ezequiel 34:11-16 de Dios mediante Jesús que pastorea a su pueblo?

### Amaranto rojo

Los atletas que ganaban competencias en los tiempos de Pedro no recibían medallas que se colgaban al cuello, sino que recibían coronas que ponían sobre su cabeza. Estas coronas en realidad eran guirnaldas hechas con flores. La corona eterna que Pedro promete en el versículo 5:4 era una guirnalda hecha de la flor de amaranto, la cual era de un rojo intenso que nunca se desteñía.

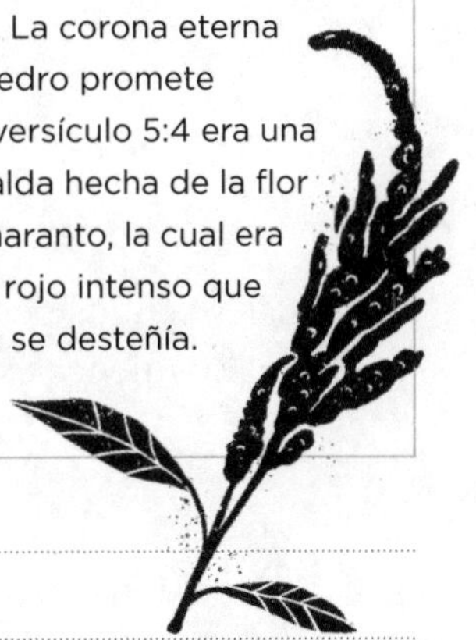

## 2. EL ANDAR EN HUMILDAD (5:5-11)

Se requiere que los ancianos sean pastores, pero lograrán ser pastores solo si tienen ovejas que estén dispuestas a seguirlos (versículo 5). Seguir a otros está ligado con someterse a la autoridad, lo cual, como hemos visto, puede ser difícil en ocasiones. Por esa razón, no somos propensos a seguir a nuestros líderes, a menos que seamos humildes de corazón. Por eso, Pedro extrae palabras de ánimo de Proverbios 3:34 en donde nos recuerda que «Dios resiste a los soberbios, pero da gracia a los humildes» (versículo 5). La gracia de Dios se posa sobre quienes siguen sus caminos.

Pedro dice que debemos ser humildes como si fuera un trabajo del corazón. En otras palabras, crecer en humildad es una elección que hacemos y una disciplina que practicamos. De acuerdo con el versículo 7, ¿cómo ponemos en práctica esta disciplina?

¿Cuáles son los pensamientos de ánimo que Pedro ofrece en los versículos 6 y 7 para quienes están dispuestos a humillarse?

*«Para que la palabra de Dios sea fructífera, debemos dejarnos a un lado para que nuestro fundamento sea confiar en Dios a pesar de las circunstancias».*[8]

*—Karen Jobes*

Los creyentes podemos esperar sufrir persecución de un mundo hostil, pero también debemos luchar contra nuestro adversario, el diablo. Pedro nos dice que nos defendemos del diablo al «practicar el dominio propio» y al «mantenernos alerta» (versículo 8, NVI). Esta es la tercera vez en esta epístola, donde Pedro instruye al pueblo de Dios a tener dominio propio, a aprender a tener sobriedad y control. En esta porción del 5:8, practicar el dominio propio quiere decir protegernos de los planes del diablo. ¿Cuáles son las razones por las que Pedro enfatiza la necesidad de tener dominio propio en las otras dos menciones que hace?

- 1:13

- 4:7

Cuando nos ponemos a pensar por qué Pedro nos ha dejado estas instrucciones, nos preguntamos ¿qué significa tener dominio propio y estar atentos en un nivel práctico? En otras palabras, ¿cómo podemos hacer reales estas instrucciones en nuestra vida?

Pedro compara al diablo con un león rugiente que busca devorar al pueblo de Dios. En la mayoría de nuestros casos, la máxima interacción que tenemos con los leones se limita a los zoológicos y a las películas. Por ese motivo, no tenemos idea de cuán aterradora fue esta imagen para los primeros lectores de esta epístola de Pedro. Para ellos, los leones eran bestias feroces que liberaban en los anfiteatros romanos para despedazar a la gente, miembro por miembro. Eso es precisamente lo que el diablo trata de hacer con los cristianos; no obstante, no logra su cometido porque es una mentira completa. Le encantaría ser ese león feroz, pero ese papel está reservado para el verdadero león triunfante, para el mismo Jesús (lee Apocalipsis 5:5).

A pesar de que el diablo es una farsa de león, sigue siendo nuestro adversario. Pedro lo sabía por experiencia personal, lo sabía porque Jesús se lo había dicho. Lee lo que Jesús le dijo a Pedro en Lucas 22:31-34.

¿Cómo se expone Satanás como adversario de Pedro en la predicción de Jesús?

¿Cómo se muestra Jesús como el verdadero león triunfante?

Con seguridad, Pedro nunca olvidó la predicción de Jesús cuando lo negó, inclusive el papel que Satanás podría desempeñar en ello. No cabe duda de que ese recuerdo puede verse en las palabras que Pedro escribió en el versículo 9. ¿Qué nos dice en este versículo que hagamos y qué quiere que sepamos?

Pedro nos da una promesa de cuatro partes en el versículo 10, ¡aquí es donde vemos que nuestro sufrimiento tendrá un fin! También nos da una perspectiva a gran escala de todas las dificultades que enfrentamos ahora. A la luz de la eternidad, nuestro sufrimiento solo es «un poco de tiempo». La liberación ha de venir durante nuestra vida, ya sea total o parcialmente, pero incluso si no llega, tenemos la garantía de una liberación plena cuando vayamos a casa, al cielo. Menciona los cuatro aspectos de la liberación que nos promete en este pasaje.

1. ..........
2. ..........
3. ..........
4. ..........

Al pensar nuevamente en la historia personal de Pedro, ¿cómo vivió esta promesa de cuatro partes? (Puedes revisar lo que le sucedió a Pedro en Lucas 22:31-34, 54-62 y Juan 21:15-19).

..........

..........

..........

..........

Pedro termina esta sección de la epístola con otra doxología, una que vuelve a asegurarnos que Dios tiene todo el poder y está en control absoluto de todo lo que sucede en esta vida, inclusive del sufrimiento.

## 3. EL CAMINAR DE LOS AMIGOS DE PEDRO (5:12-14)

En los días de Pedro, las epístolas por lo general, concluían con saludos personales y quizás agregaban algunos asuntos administrativos. Pedro menciona a dos amigos por nombre: Silvano, quien entrega la epístola y Marcos. Silvano (tal vez lo conocemos mejor como Silas) fue un líder de la iglesia y viajaba con el apóstol Pablo. Marcos escribió el evangelio que lleva su nombre y por lo que sabemos, recibió el material para su evangelio directamente de Pedro.

¿Cómo percibe Pedro a sus colegas en el ministerio?

- Silvano

- Marcos

¿Cuáles son las instrucciones finales que Pedro entrega en los versículos de cierre?

Pedro también envía saludos «de la comunidad que está en Babilonia» (versículo 13, NVI). Es muy probable que estos saludos vinieran de la iglesia en Roma. Como muchas ciudades poderosas de la actualidad, la ciudad de Roma era corrupta y mundana, totalmente opuesta a Dios y a la vida cristiana. Para la época en que Pedro escribe la epístola, la antigua ciudad de Babilonia, con su corrupción y abusos de poder, había desaparecido. Sin embargo, el nombre *Babilonia* se seguía usando para referirse a ciudades similares como Roma, la cual tenía una reputación parecida (si quieres leer más acerca de Babilonia como un símbolo de corrupción mundana, revisa Apocalipsis 18).

Compara el final de 1 Pedro en el capítulo 5:12-14 con el principio 1:1-2. ¿Qué similitudes logras ver y por qué piensas que son apropiadas tanto para el principio como para el final de una epístola que habla sobre la perseverancia en medio del sufrimiento?

## CONVERSEMOS

1. Podemos entender con facilidad por qué Pedro nos pide que nos humillemos a nosotros mismos (5:6). A medida que leemos, lo que nos sorprende, es que nos dice que nos humillemos depositando nuestra ansiedad sobre Dios (5:7, NVI). ¿Cómo logramos depositar nuestra ansiedad en Dios y cómo crees que este «depósito» realmente nos permita humillarnos? Cuando hablamos de experiencia personal, ¿has visto que tu corazón y tu vida hayan cambiado a causa de confiar tus problemas a Dios? Si todavía no has puesto en práctica el principio que Pedro indica en el pasaje 5:6-7, identifica una situación o circunstancia en tu vida actual con la que puedas empezar.

2. Karen Jobes escribe: «La dinámica entre Dios, el diablo y el pueblo de Dios será la misma hasta que el Señor regrese, pero en Cristo, los creyentes han retomado el poder de adoptar su posición contra el león merodeador a pesar de las consecuencias y para demostrar que son el verdadero pueblo fiel de Dios». ¿Cómo adoptamos nuestra posición? Identifica un área en tu vida en donde puedas poner en práctica la enseñanza de Pedro. Quizás quieras tener en cuenta la enseñanza de Efesios 6:10-18 también.

# 2 PEDRO

## COMENZAMOS...

Es muy probable que Pedro haya escrito esta segunda epístola casi al final de su vida, confinado en una prisión en Roma, en donde esperaba que lo ejecutaran a causa de su fe. A pesar de esta amenaza personal que estaba al acecho, se preocupaba enormemente por los falsos maestros que estaban infectando las comunidades cristianas que amaba. Los falsos maestros que causaban gran aflicción a Pedro les decían a los creyentes que dejaran a un lado la moral y los límites sexuales, que dejaran de vivir bajo el temor del juicio de Dios. Si este tipo de falsas enseñanzas suenan familiares, es porque son las mismas ideas que se enseñan en nuestros días.

Estos problemáticos maestros avivaron las brasas en Pedro hasta llevarlo a un celo urgente de que los creyentes crecieran en su conocimiento de Dios y en la verdad de su palabra. Este es el conocimiento que nos protege, tanto en nuestras creencias, como en nuestras acciones correctas. Si tenemos este conocimiento, no seremos engañados a creer que nunca llegará el juicio sobre el pecado. Es necesario, porque Cristo regresará un día para juzgar al mundo entero.

*«El propósito de esta carta es establecer, fortalecer y estabilizar a los cristianos en el conocimiento de Dios».*[10]
*—David Helm*

Como nota complementaria, la corta epístola de Judas (la que está antes de Apocalipsis en tu Biblia) contiene el mismísimo contenido que Pedro incluye en su segunda epístola. Por ello, los eruditos de la Biblia se preguntan si Pedro copió material de Judas o si Judas tomó el contenido de Pedro. Nadie está seguro de qué pasó. Sin embargo, tanto Pedro como Judas recibieron inspiración de una fuente que desconocemos totalmente. Así como los estudiantes en la actualidad, que pasan horas en la sección de referencia de la biblioteca para investigar para un ensayo determinado, Pedro y Judas pudieron haber usado la misma fuente antigua para redactar sus epístolas. En la actualidad es requisito que demos crédito a los autores a los que citamos, lo cual hacemos mediante los pies de página y las bibliografías, pero en los días de Pedro no existía ese sistema. No obstante, plagiar el material de otros autores no era bien visto, tal como en el presente. Así que, sin importar el caso que tenemos con la segunda epístola de Pedro y la de Judas, nos parece seguro decir que son escritos que cumplen con la ética, a pesar de que no sepamos cómo realmente se dio el traslape de su material.

SEMANA 7

# APRENDER Y CRECER

2 PEDRO 1:1-21

*Conocimiento*: vemos esta palabra, o entendimiento, más de cinco veces en los primeros ocho versículos de la segunda epístola de Pedro. Claro está que juega un papel esencial en lo que Pedro dirá acerca de cómo crecemos en nuestra fe y cómo florecemos espiritualmente en medio de los muchos obstáculos. Así también, Pedro dice que, para florecer, los creyentes deben anclarse a la verdad de la palabra de Dios. Debido a que él mismo ha caminado a la luz de la palabra viva, Jesucristo, puede dar testimonio de su veracidad.

## 1. UN SALUDO CALUROSO (1:1-2)

Pedro se presenta a sus lectores con dos nombres. El primero es *Simón*, que es la forma sencilla hebrea del nombre que le dieron sus padres. El segundo nombre que usa es *Pedro*, el nombre que Jesús le dio y que significa «roca». Al dar los dos nombres, lo que está diciendo es que «soy un hombre ordinario con un llamado divino».

Pedro no solo se identifica con dos nombres, sino que se presenta con dos títulos. ¿Cuáles son?

1. ..........

2. ..........

¿Qué dicen estos títulos sobre el corazón y la vida de Pedro?

¿Cómo identifica a los destinatarios de la epístola?

¿Cómo identifica a Jesús en el versículo 1?

¿Qué tipo de conocimiento menciona Pedro en el versículo 2 y qué fruto trae?

Dado que el conocimiento juega un papel esencial en esta epístola, es importante tratar de entender lo que había en la mente de Pedro. No está hablando acerca del conocimiento cognitivo, ni siquiera del conocimiento bíblico. El tipo de conocimiento del que Pedro escribe es el de conocer a Dios personalmente. Está hablando de una relación personal y comprometida en la que nuestra satisfacción más profunda es encontrarnos en la presencia de Dios, es decir, hablarle en oración, adorarlo con otros creyentes y estudiar todo lo que nos dice en su palabra. Este es el conocimiento que Pedro quiere para sus lectores.

## 2. UNA VIDA CRECIENTE FUNDAMENTADA EN LA GRACIA (1:3-11)

Pedro se sumerge directo al corazón de su mensaje con instrucciones de una vida piadosa. Sabe que a medida que incrementemos nuestro conocimiento de Dios, reconoceremos de forma más integral su gracia y misericordia en nuestra vida y a su vez, esto mismo promueve nuestra búsqueda de devoción.

En el versículo 3 leemos que el poder de Dios nos ha dado todo lo que necesitamos para una vida piadosa. Veamos el tiempo verbal que usa Pedro: «su divino poder, al *darnos*... » (2 Pedro 1:3, NVI) ¿Qué transmite este tiempo verbal?

Seguimos reflexionando en el versículo 3, ¿cómo nos aferramos a todo lo que se nos ha dado para tener una vida piadosa?

Pedro nos dice que Dios nos llamó por su propia gloria y excelencia (versículo 3), y junto con su llamado, nos ha entregado sus «preciosas y maravillosas promesas» (versículo 4). ¿Cómo nos ilumina Romanos 8:28-32 sobre la naturaleza de estas promesas?

Volvamos a ver nuevamente el versículo 4. ¿Qué nos sucede a causa de estas promesas?

«Por esta razón», dice Pedro (versículo 5), en otras palabras, porque se nos ha concedido todo lo que necesitamos para tener vidas santas, y porque hemos recibido las promesas y hemos escapado de la corrupción del mundo, debemos crecer espiritualmente. Pedro nos proporciona una lista de virtudes, de cualidades piadosas que surgen una de la existencia de la otra. Antes de empezar con la lista, ¿cuál dice que es la función que debemos desempeñar al buscar estas cualidades?

La primera cualidad que Pedro menciona es *fe* (versículo 5). Es la raíz necesaria que permite el brote del crecimiento espiritual. A la fe debemos agregarle *virtud*. Es la misma palabra griega traducida en el versículo 3 como *excelencia*: «...aquel que nos llamó por su propia gloria y excelencia». Sin importar qué palabra usemos en nuestro idioma, se trata de un compromiso en todos los sentidos para tener una vida piadosa. A partir de ahí, agregamos *entendimiento*. Como ya sabemos hasta ahora, el entendimiento se ha mencionado varias veces en esta epístola y cuando Pedro usa la palabra, está pensando en el tipo de conocimiento que se desarrolla en las relaciones cercanas. *Conocemos* a nuestro propio hijo. Nuestro mejor amigo nos *conoce*. En la Biblia, conocer a alguien puede implicar una intimidad física, como en «Conoció Adán a su mujer Eva, la cual concibió» (Génesis 4:1). Ahora bien, en este contexto, Pedro está diciendo que nos volquemos a conocer a Dios mejor cada día, no solo con el conocimiento cognitivo, sino con un tipo de conocimiento relacional que viene de la experiencia personal.

*«Estos son los dones del manantial que todos los seguidores de Jesús tienen entre las manos, el conocimiento y las promesas de Dios».*[11]
*—David Helm*

Las siguientes dos virtudes son el *dominio propio* y *paciencia* o *constancia* (versículo 6). ¿Por qué crees que el dominio propio viene necesariamente antes de la constancia?

*Afecto fraternal* y *amor* (versículo 7) son las últimas cualidades de la lista de Pedro, no porque sean las menos importantes, sino porque son las más importantes (si dedicas más tiempo de estudio esta semana, lee 1 Corintios 13 para ver lo que el apóstol Pablo dice del amor).

**Lista de las «virtudes» de Pedro**
**2 Pedro 1:5-7**

| Cualidad cristiana | Definición |
|---|---|
| Fe | Vivir por gracia en Cristo, descansar con confianza en las promesas de Dios |
| Virtud | Compromiso de una vida en santidad |
| Entendimiento | Conocer a Dios relacionalmente |
| Dominio propio | Control sobre las pasiones carnales |
| Constancia | Perseverar con Cristo cada día sin desmayar |
| Devoción | Dedicar cada área de la vida a Dios |
| Afecto fraternal | Fortalecimiento de los vínculos relacionales |
| Amor | Derramar nuestras vidas en sacrificio por otros |

En el versículo 8, ¿qué revela Pedro acerca de estas cualidades cristianas?

Pedro describe a alguien que se niega a crecer en estas cualidades como alguien «tan corto de vista que ya ni ve» y olvida el evangelio (versículo 9, NVI). Piensa en un momento en la vista de las personas que no logran ver de lejos. ¿Qué aspecto visual se dificulta para las personas que tienen miopía? ¿Cómo crees que puede compararse con la vida espiritual de una persona?

En los versículos 10 y 11, Pedro nos insta a practicar estas ocho virtudes para que no nos alejemos, sino para que encontremos nuestro camino al cielo. Entonces, ¿está diciendo Pedro que es necesario perfeccionar estas virtudes para alcanzar el cielo o para recibir bendiciones de Dios? ¡Definitivamente no! Su punto es que solo las personas que real y verdaderamente pertenecen a Cristo pueden llegar a tener la esperanza de que van a crecer en estas virtudes; no obstante, solo aquellos que real y verdaderamente *sí pertenecen* a Cristo, inevitablemente van a crecer en estas virtudes.

## 3. LA PASIÓN DE PEDRO (1:12-15)

Debido a que vivir las ocho cualidades que se mencionan en los versículos 5 al 7 nos expone a las muchas bendiciones de pertenencia a Cristo, Pedro tiene el compromiso de mantenerlas al alcance de sus lectores en varias oportunidades.

¿Qué le provoca la urgencia y el deseo de Pedro para colocar a los cristianos en el camino del discipulado?

Pedro nunca olvidó el día en que Jesús lo restauró en el ministerio después de su negación. Ese día, Jesús insinuó algo acerca de cómo moriría Pedro. ¿Qué le dijo Jesús a Pedro en Juan 21:18-19, que es a lo que Pedro hace referencia en este versículo 14?

## 4. SEGURIDAD Y VERDAD (1:16-21)

Tal como veremos más adelante en esta epístola, algunas personas que proclamaban ser maestros, solo andaban deambulando y esparciendo mentiras acerca del Señor. También hablaron desdeñosamente de Pedro y de otros apóstoles por enseñar que Jesús regresará un día y que juzgará a todos por sus pecados. Estos falsos maestros dijeron que las perspectivas de los apóstoles eran obsoletas y erradas, que no eran más que un cuento de hadas y que solo atraían a los seguidores. Esa es la razón por la que Pedro demuestra tanto interés en que sus lectores crean su mensaje.

¿Cuál es la primera razón que Pedro da para enseñar que el Señor es digno de confianza (versículo 16)?

Lee Mateo 17:1-8. Identifica las formas en que Pedro usa el incidente que se describe en el evangelio de Mateo para escribir los versículos 17 y 18.

Más perdurable y de mayor alcance que la experiencia personal de Pedro con Jesús, es que el Antiguo Testamento profetizó de Jesús. Los únicos invitados a ser testigos del milagro en la montaña fueron Pedro, Santiago y Juan, el acto que los teólogos llaman «transfiguración». A pesar de que solo fueron ellos tres los invitados, todos los creyentes en toda época están invitados a conocer a Jesús y verlo con más detalle en la palabra de Dios. De eso es lo que escribe Pedro en el versículo 19.

¿Qué imagen usa Pedro para describir la palabra de Dios en el versículo 19? ¿Cómo funciona esa imagen para reforzar el punto que está explicando?

En el versículo 19, Pedro menciona que «despunta el día», cuyo significado veremos con más cercanía cuando estudiemos 2 Pedro 3. Aquí también menciona «la estrella de la mañana». La primera vez que se mencionó esta estrella fue en el Antiguo Testamento por medio del profeta llamado Balaam; posteriormente la estrella aparece en otros lugares de la Biblia. Lee los siguientes versículos e identifica esta estrella de la mañana: Números 24:17; Mateo 2:2 y Apocalipsis 22:16.

Resume lo que Pedro está enseñando en los versículos 20 y 21.

## CONVERSEMOS

1. ¿Sientes que es difícil confiar en lo que no puedes ver, escuchar o tocar? ¿Cómo puede ayudarte este capítulo de la epístola de Pedro a comprender que la fe no depende de lo que podemos tocar o percibir con nuestros sentidos?

2. Mira nuevamente la «lista de virtudes» de Pedro en los versículos 5 al 7. Describe desde tu propia experiencia, o desde lo que hayas observado en la experiencia de otros, cómo una de las cualidades se construye sobre la otra. ¿Puedes identificar un ejemplo en particular de esta secuencia en tu propia vida?

SEMANA 8

# LOS ENEMIGOS DISFRAZADOS DE AMIGOS Y LOS FALSOS MAESTROS

2 PEDRO 2:1-10a[12]

La palabra de Dios es verdad y aquellos que la creen y la viven son personas bendecidas. Esa es la idea que Pedro enfatiza en esta epístola y ahora descubriremos por qué: en la comunidad cristiana hemos visto cómo se han infiltrado algunas personas que se dicen maestros teólogos. Estos falsos maestros estaban tergiversando la verdad de Dios con mentiras y seduciendo a algunos creyentes hacia un camino de destrucción. Pedro expone esas mentiras y nos equipara para reconocer a los falsos maestros y evitar caer en su trampa.

## 1. ¡CUIDADO! (2:1-3)

Los falsos profetas, o falsos maestros, no son nada nuevo. Siempre han estado operando alrededor del pueblo de Dios y hasta en medio de ellos, lo que Pedro aclara en el versículo 1. Estos falsos maestros difundieron lo que Pedro llamó «herejías destructoras», que eran ideas que deformaban la verdad acerca de Dios. Pedro dice que lo hacen «encubiertamente» (versículo 1). Lo que quiere decir es que los falsos maestros no anuncian que son falsos. En lugar de ello, lo que hacen es ganar terreno al ser atractivos para los deseos de la gente, lo que los lleva a cuestionarse la verdadera bondad y el poder de Dios.

¿Cuáles son esas trampas específicas que usan los falsos maestros y que Pedro identifica en los versículos 1 al 3?

¿Qué efecto tienen los falsos maestros sobre la gente a la que engañan?

¿Cuál es el fin inevitable de estos falsos maestros de acuerdo con lo que dice Pedro?

## 2. LOS CONDICIONALES Y LA EXPLICACIÓN (2:4-10a)

Los falsos maestros en el tiempo de Pedro decían que la gente podía vivir como les placiera, que podían darse el gusto de cualquier deleite sensual que les atrajera. Estos mismos falsos maestros decían que la idea de un juicio final era solo un mito. La gente se enganchó a estas mentiras porque el mensaje era atractivo y sensual. Lo mismo pasa en nuestros tiempos, ¿no es así? Nuestros deseos terrenales pueden ejercer una influencia poderosa en nuestras convicciones. Lo que queremos es estar conscientes de ello cuando el camino del discipulado signifique que tendremos que negarnos a nosotros mismos en algunas formas dolorosas. Queremos hacer todo lo que esté a nuestro alcance para evitar ser arrastrados al mensaje que esparcen estos maestros.

Menciona el punto principal en cada condicional que se menciona en los versículos 4 al 8 («si», «sino»).

Versículo 4

Versículo 5

Versículo 6 ...

Versículo 7 ...

Pedro presenta una polémica aquí: si Dios puede hacer esto, eso, aquello y lo demás, también puede mantener sus promesas, a ti, a mí y a su pueblo en general.

La primera condicional en su polémica se enfoca en los ángeles, en especial en los ángeles caídos. No tenemos la certeza de qué suceso está en la mente de Pedro cuando habla de los ángeles que pecaron en el versículo 4. Judas, en su epístola, escribe casi lo mismo (Judas 6). Estos ángeles que pecaron pudieron haber sido a quienes llamaron «los hijos de Dios» en Génesis 6:1-4. Estos seres cometieron un pecado de perversión sexual con las mujeres. No obstante, Pedro pudo haber pensado en algo más, tal vez pensó en la caída de los ángeles desde el cielo. Independientemente del pecado o del tiempo en que ocurrió, ¿qué les sucedió a estos ángeles?

¿Quién recibió el segundo juicio (versículo 5) y a quiénes perdonó?

Pedro llama a Noé «un predicador de la justicia» en el versículo 5; sin embargo, si lees la historia de Noé en Génesis, no encontrarás ningún registro que nos hable de su predicación o justicia. ¿Cómo Génesis 6:9, 7:1, 23; 8:13-22; 9:1-2, 8-17 nos revela por qué Pedro se refirió a Noé como un predicador de justicia?

- Los habitantes de las ciudades antiguas de Sodoma y Gomorra son los que reciben la siguiente condenación (versículo 6), pero un hombre llamado Lot y sus dos hijas recibieron perdón. Lee Génesis 19:1-38 para entender toda la historia. ¿Qué hizo Dios con esas ciudades?

- Menciona lo que Pedro dice acerca de Lot en los versículos 7 y 8.

Mientras piensas en Lot y en lo que sabemos de él por Génesis 19, pareciera sorprendente que Pedro lo llame «justo». Después de todo, Lot no estaba seguro de dejar Sodoma, a pesar de toda la maldad que presionaba a su familia y a pesar de la insistencia urgente de los ángeles. Lot ofreció a sus dos hijas a los hombres degenerados que tocaban a su puerta. Posterior a ello, permitió que sus hijas lo embriagaran y cometieran un pecado sexual con él. Entonces, el hecho de que Pedro llame a Lot «justo», seguramente es porque se enfoca en algo que está detrás del mismo Lot. Se enfoca en el evangelio. Lot fue contado como justo, a pesar de sus pecados y debilidades, porque tenía fe y esa es la única manera en que cualquier persona puede ser contado como justo ante los ojos de Dios.

- Al haber cubierto todas las condicionales (versículos 4 al 8), llegamos a la explicación de Pedro en el versículo 9. ¿Cuáles son las dos verdades de Dios que Pedro identifica en este versículo 9?

  1. ........................................
  2. ........................................

¿Cuáles son los dos pecados que Pedro identifica en la primera porción del versículo 10 que llevan con seguridad a un juicio severo?

1. ..........

2. ..........

¿En cuál de los ejemplos del Antiguo Testamento que hemos examinado en esta lección ves que se comete uno o dos de estos pecados?

- En la historia de los ángeles:

- En la historia de Noé:

- En la historia de Lot:

## CONVERSEMOS

1. Los falsos maestros en los días de Pedro lograron ganar terreno porque atraían la sensualidad de la gente. Enseñaban que los creyentes podían participar del pecado y disfrutar de sus placeres sin consecuencias, algo que la gente creyó con mucho entusiasmo. ¿Puedes identificar la enseñanza de una naturaleza sensual que esté impactando a los cristianos en este tiempo?

2. «El Señor sabe librar de la prueba a los que viven como Dios quiere», escribe Pedro (versículo 9, NVI). Eso incluye la prueba de resistir las falsas enseñanzas y todo aquello que amenace nuestra fe. ¿En qué forma has experimentado el rescate de Dios en tu propia vida o dónde necesitas experimentarlo ahora? Te recomendamos leer 1 Corintios 10:13 también.

SEMANA 9

# FUENTES SIN AGUA

2 PEDRO 2:10b-22

Sin intención de endulzar el tema, Pedro sigue su franca advertencia sobre los maestros falsos, en donde expone su verdadera naturaleza con palabras directas. Si recuerdas, el mensaje que difundían estos falsos maestros tenía dos ideas centrales. La primera era que nada está mal con consentir los placeres sensuales de ninguna clase. La segunda idea viene de la primera: vivir de la forma en que te guste vivir, porque al final, Dios no juzgará a nadie a causa del pecado. ¿Nos enciende las alarmas? Es muy probable que sí, pues son las mismas herejías que engañan hoy a la gente. Hay iglesias que declaran: «Dios quiere que celebremos todas las opciones que tenemos en la vida». Estos predicadores minimizan el odio que Dios tiene hacia el pecado y la realidad del máximo juicio de Dios contra ese pecado. La misma vida de Pedro expone la falsedad de estos maestros. Le había fallado al Señor de forma miserable, y había recibido el perdón y la restauración; pero a pesar de eso, nunca menoscabó la realidad del juicio de Dios. De hecho, aquí nos entrega una de las advertencias más directas que se encuentra en el Nuevo Testamento que habla del juicio venidero.

## 1. ATREVIDOS Y ARROGANTES (2:10b-16)

Retomamos esta semana con la segunda mitad del versículo 10: «¡Atrevidos y arrogantes que son! No tienen reparo en insultar a los seres celestiales» (NVI). Espera, ¿qué cosa? Necesitamos hacer una pausa para entender de qué está hablando Pedro. *Insultar* se refiere hablar sin respeto acerca de algo o alguien santo. En este pasaje, los falsos maestros están insultando a los «seres celestiales». Aunque no sabemos con seguridad la identidad de estas criaturas gloriosas, es muy probable que se refería a los ángeles.

*Atrevidos*, *obstinados* e *intrépidos*: ¿cómo podrías resumir lo que estas características agregan a nuestro entendimiento de los falsos maestros?

Tenemos que entender por qué estos maestros querían insultar o blasfemar contra los ángeles. Bien, hasta el momento sabemos que los falsos maestros promovían la mentira de que nunca vendría un juicio final. Con esta idea en mente, lee Mateo 13:40-43. ¿Encuentras en este pasaje algo que contradiga a los falsos maestros y quizás sea algo que explique por qué insultaban a los ángeles?

El único que está calificado para discernir quién es justo y quién es malvado es el Señor. Ese es el énfasis que Pedro deja claro en el versículo 11 cuando escribe que incluso los ángeles más poderosos no están equipados para acusar a otros.

¿Qué agrega Pedro en el versículo 12 a esta evaluación del carácter de los falsos maestros?

¿Qué sucede con aquellos que se aferran obstinadamente a estas herejías?

Pedro nos dice que para los falsos maestros «su placer es entregarse a las pasiones desenfrenadas en pleno día» (versículo 13, NVI). En otras palabras, están tan atrincherados en la maldad que ni siquiera se molestan a ocultar su conducta decadente detrás de la oscuridad de la noche. ¿Qué agregan los siguientes pasajes a nuestro entendimiento del carácter de los falsos maestros?

- Eclesiastés 10:16-17

- Isaías 5:11

- Romanos 13:13

Cuando Pedro llama a los falsos maestros «manchas y suciedad», está diciendo que encuentran gran deleite en su pecado y que lo hacen en compañía de los cristianos con quienes se reúnen a compartir la cena del Señor y disfrutar de los alimentos (versículo 13 y 14). Estos falsos maestros quieren que esta reunión santa se convierte en un festín mundano, como las fiestas tan libertinas de los romanos que tanto les encantaban.

Pedro menciona cinco características más de los falsos maestros en el versículo 14. Escríbelas en este espacio:

1. ......................................................................

2. ......................................................................

3. ......................................................................

4. ......................................................................

5. ......................................................................

Las herejías atraían a la gente a quien Pedro llama «personas inconstantes» (versículo 14, NVI). ¿Cómo 2 Pedro 3:16 y Santiago 1:5-8 iluminan los aspectos que los hace inconstantes?

......................................................................

......................................................................

......................................................................

......................................................................

En los versículos 15 y 16, Pedro resalta la avaricia de los falsos maestros y la compara con la del profeta Balaam del Antiguo Testamento, cuya historia se encuentra en el libro de Números (lee Números 22, en especial los versículos 21 al 35). Balaam era el tipo de profeta que vendía sus profecías por dinero y lo conocían porque podían llamarlo para bendecir o maldecir a las personas, lo cual hacía por alguna suma gélida de dinero.

En ese tiempo, Balac, rey de los moabitas, trató de contratar a Balaam para que maldijera al pueblo de Dios, Israel. Sin embargo, el Señor le dijo a Balaam que no lo hiciera, que jamás funcionaría. No obstante, Balaam sintió codicia por la enorme suma que el rey Balac le ofreció, por lo que trató de seguir adelante con sus planes de maldecir, a pesar de las claras instrucciones que le había dado el Señor. Pero sucedió un milagro: el señor le dio una voz humana a su burra para reprender al codicioso Balaam.

Balaam nunca pudo maldecir al pueblo de Dios. Cada vez que trataba, Dios convertía esas palabras de maldición de Balaam en palabras de bendición. Por ello, el sinuoso profeta buscaba destruir al pueblo de Dios de otra forma, como seduciéndolos a cometer pecado (Números 31:16). En el proceso provocó mucho daño, pero con el tiempo Dios juzgó al mismo Balaam y este murió.

De acuerdo con Pedro, ¿de qué maneras enseñan los falsos profetas que son como Balaam?

## 2. FUENTES SIN AGUA Y NIEBLA TEMPESTUOSA (2:17-22)

Finalmente, el juicio de Dios caerá sobre los falsos maestros que, en su avaricia y lujuria por placer, alejan al pueblo de Dios y su verdad. Su fin no es nada agradable.

Piensa la imagen que tenía Pedro en la mente sobre los falsos maestros al decir que eran «fuentes sin agua, niebla empujada por la tormenta» (versículo 17, NVI). ¿Qué implican estas imágenes acerca de los falsos maestros y los mensajes que traen?

### Balaam

«Balaam era un profeta extranjero muy reconocido. Balac, rey de Moab, sentía temor de los israelitas, por lo que convocó a Balaam para que los maldijera. Dios le habló a Balaam para prohibirle que maldijera a Israel, pero permitiéndole ir con Balac con la condición de que hablara únicamente lo que el Señor le había instruido. Dios reforzó esta condición en un sombrío y gracioso episodio que involucró a una burra parlante. En muchas ocasiones, Balac trató de persuadir a Balaam para que maldijera a Israel, pero su plan le resultaba contraproducente. En lugar de las maldiciones, Balaam pronunció cuatro bendiciones sobre la nación. Aunque Balaam no podía maldecir a los israelitas, después aconsejó a Balac de que enviara mujeres que sedujeran a Israel para alejarlos de Dios y llevarlos a la idolatría».[13]

¿Qué usan los falsos maestros para seducir a aquellos que tienen una fe débil (versículo 18) y qué es lo que prometen (versículo 19)?

¿Qué quiere decir Pedro cuando escribe que «cada uno es esclavo de aquello que lo ha dominado» (versículo 19, NVI)? Dale un vistazo a Juan 8:34 y a Romanos 6:6 para ayudarte a responder.

En los versículos del 20 al 22 encontramos una advertencia alarmante acerca de aquellos que disfrutaron de las bendiciones como pueblo de Dios, pero que después se alejaron cuando se dieron cuenta de que tenían que abandonar los placeres y pasiones pecaminosas. ¿Dónde los deja?

Los cristianos verdaderos nunca pierden su salvación. Esto es certero por aquello que los teólogos denominan «la perseverancia de los santos». Significa que una vez nos hemos unido a Cristo por fe, nunca podremos alejarnos. De acuerdo con los siguientes pasajes, ¿cómo es esto posible?

- Juan 10:27-28

- Romanos 8:29-30

- Filipenses 1:6

- Judas 24

Los cristianos verdaderos nunca se apartan, pero los falsos maestros de los que escribe Pedro sí lo hacen. ¿Qué nos dice esto acerca de los falsos maestros?

Pedro cita Proverbios 26:11 al final del capítulo. ¿Qué imagen específica en este pasaje refuerza nuestro entendimiento del verdadero carácter de los falsos maestros?

## CONVERSEMOS

1. Las falsas enseñanzas nos resultan atractivas por las promesas de placer sensual y liberación de las consecuencias. Hazlo personal y piensa, ¿existe alguna enseñanza falsa específica que suela atraerte? Si es así, ¿qué es lo que te atrae de esa enseñanza?

2. Pedro nos advirtió que debemos protegernos en la verdad de la palabra de Dios y que evitemos alejarnos de Cristo por las falsas enseñanzas. Al mismo tiempo, una vez que estamos unidos a Cristo, nunca podemos perder nuestra salvación. Revisa algunos de los pasajes que revelan esta verdad (Juan 10:27-28; Romanos 8:29-30; Filipenses 1:6; y Judas 24). ¿Cómo nos incentiva esto a vivir como discípulos obedientes en lugar de dar por sentada nuestra salvación y vivir como nos plazca?

SEMANA 10

# ¡LLEGARÁ EL DÍA!

2 PEDRO 3:1-18

«Amados» es la forma en la que Pedro se dirige a sus lectores. Lo hace cuatro veces en este capítulo final (versículos 1, 8, 14 y 17). Claro está que siente una devoción profunda en su trabajo hacia ellos y está preocupado de su bienestar, razón por la cual ha escrito dos cartas tan apasionadas. Pedro escribe esta segunda carta mientras está llegando al final de su vida, así que su entusiasmo es tal que busca recordar a sus queridos amigos la certeza de que Jesucristo regresará. Al mismo tiempo, les advierte de que cuando Jesús venga, habrá un juicio final para el pecado. Por esa razón, Pedro desea con intensidad que sus amigos permanezcan en el camino del discipulado y que eviten la fascinación de las falsas enseñanzas.

## 1. OCULTO A LA VISTA DE TODOS (3:1-7)

Al inicio de esta epístola, Pedro insta a sus amigos a recordar todo lo que han aprendido de la salvación, tanto de las «palabras dichas de antemano por los santos profetas» y el «mandamiento del Señor y Salvador», para que lo enseñaran los apóstoles (versículo 2). Si nos quedamos detrás de este versículo 2 y buscamos la imagen completa de esta epístola, podemos imaginarnos lo que sucede aquí.

¿Cómo nos ayudan los siguientes pasajes (uno a cargo de un profeta y el otro del Señor Jesús) a identificar lo que Pedro quiere que recordemos?

- Jeremías 25:30-31

- Mateo 25:31-46

¿Qué vemos en los versículos 3 y 4 acerca de por qué es importante este tipo de recordatorio?

Pedro relaciona a los falsos maestros como «burladores» (versículo 3). El libro de Proverbios habla mucho acerca de los burlones. Haz una breve descripción de los burlones con base en los siguientes proverbios: Proverbios 1:22; 9:8; 13:1; 14:6; 15:12; 21:24; 22:10; 24:9; 29:8.

Los burlones son cínicos y lo vemos con claridad en la pregunta cínica que hacen los falsos maestros: «¿Dónde está la promesa de su venida?» (versículo 4). Respaldaron su cinismo con un razonamiento que decía que, si Dios realmente viniera a juzgar el pecado, ya hubiera venido. Decían que nada cambiaba y que, en lugar de su venida, la tierra fluía como siempre lo había hecho. ¡Estaban equivocados! Pedro les recuerda a sus lectores que Dios no solo sigue involucrado esencialmente con la tierra, sino que, ¡es el creador absoluto de ella! Y no deben olvidar de que Dios ya vino una vez a juzgar, que lo hizo como una inundación en los días de Noé.

Según Génesis 8:13 al 17, ¿qué sucedió en la tierra después del diluvio?

Pedro dice que los burlones olvidan «intencionalmente» la obra de Dios en el mundo (versículo 5). ¿Qué agrega Romanos 1:18-21 a nuestro entendimiento sobre la selección de las palabras que Pedro usó en este pasaje?

## Recordar

2 Pedro 3:2 no es el primer pasaje en la Biblia que nos da la instrucción de *recordar*. De hecho, el mandamiento de recordar la obra y los caminos de Dios es importante desde los primeros días del pueblo de Dios. Moisés instruía constantemente a los israelitas a que recordaran la obra de Dios por bien suyo (Deuteronomio 8:2-3), así también lo indicó Josué (Josué 1:13). Los salmistas y los profetas nos muestran la bendición de recordar (Salmo 63:5-6; Isaías 64:5) y en los evangelios vemos que recordar fortalece nuestra fe (Juan 2:22; 12:16).

- Con sus palabras, Dios creó el mundo y ahora, por medio de sus palabras, el mundo que conocemos llegará a su fin. ¿Qué nos revela el versículo 7 acerca de lo que sucederá ese día?

## 2. LA PACIENCIA DE DIOS (3:8-10)

En esta sección, Pedro revela una faceta consoladora del carácter de Dios: la paciencia. Al estar hablando tanto del día del juicio, conocer su paciencia nos anima en estos momentos. Aun así, Pedro nos da una advertencia también.

- ¿Cuál es la perspectiva de Dios en un tiempo diferente al nuestro?

- Los falsos maestros se burlan de la idea de que Jesús regresará, pero Jesús prometió que Él regresaría (versículo 9), aunque su tiempo para regresar tuviera que retrasarse. ¿Qué nos revela Pedro sobre la razón del retraso del Señor?

Pedro nos dice que Dios desea que todos se arrepientan del pecado. Sin embargo, no significa que todos serán salvos; si ese fuera el caso, Pedro no necesitaría advertir del juicio de Dios. A pesar de ello, no debemos imaginarnos a Dios en el cielo, tronándose los dedos por la gente que se rehúsa a arrepentirse, como si la salvación de ellos estuviera fuera del control de Dios. Tiene el pleno control del destino de cada ser humano. Es mejor entender las palabras de Pedro: «El Señor no tarda en cumplir su promesa... no quiere que nadie perezca, sino que todos se arrepientan» (versículo 9). Estas palabras hablan del corazón bondadoso de Dios hacia todos los que ha creado, y de su intención de salvar a cada persona del juicio, siempre que se unan a Cristo por fe. Podemos entender mejor las enseñanzas de Pedro cuando ponemos atención a lo que escribió el apóstol Pablo:

> Ahora bien, sabemos que Dios dispone todas las cosas para el bien de quienes lo aman, los que han sido llamados de acuerdo con su propósito. Porque a los que Dios conoció de antemano, también los predestinó a ser transformados según la imagen de su Hijo, para que él sea el primogénito entre muchos hermanos. A los que predestinó, también los llamó; a los que llamó, también los justificó; y a los que justificó, también los glorificó (Romanos 8:28-30).

Seguramente llegará el día del juicio, que es lo que Pedro llama como «el día del Señor», y vendrá «como un ladrón» (versículo 10). Pedro recibió esa imagen directamente del mismo Jesús. Lee lo que Jesús dijo en Mateo 24:42-44 y luego escribe lo que significa la imagen del ladrón en esta descripción de Pedro.

## 3. IMPORTA CÓMO VIVIMOS (3:11-13)

¿Cómo deberíamos vivir la vida sabiendo que el final seguramente se acerca? Esa es la idea que Pedro quiere que pensemos ahora.

¿Qué incentivo da Pedro en el versículo 12 para buscar la santidad y tener vidas devotas al Señor?

Ningún ser humano determina el principio o el fin de algo en la tierra o en el cielo. No obstante, Dios obra en sus planes preestablecidos y establece fechas y horas mediante las acciones de los seres humanos.

Pedro nos dice que «los elementos se derretirán con el calor de las llamas» (versículo 12, NVI), pero si observas con atención, no dice lo mismo con la tierra (algunas traducciones de la Biblia dicen que todo, tanto cielos como la tierra, arderán, pero las palabras de Pedro están mejor traducidas cuando existe esta diferencia entre los cielos y la tierra). A través de la escritura, vemos a Dios como el que renueva y no como el que destruye lo que ha dañado el pecado, vemos pistas de ello en el versículo 13, donde Pedro escribe acerca de la «promesa» de Dios. ¿Qué nos dice Apocalipsis 21:1-5 de esta promesa?

## 4. EL RUEGO FINAL DE PEDRO (3:14-18)

A medida que Pedro va cerrando la epístola final que dirige a estos cristianos que tanto ama, toma otra oportunidad para animarlos a confiar en la veracidad de las escrituras y las promesas de Dios.

Aquellos que confían en las promesas de Dios lo esperan y viven en un espíritu de expectación ante el cumplimiento de esas promesas. De acuerdo con el versículo 14, ¿cómo nos motiva mantenernos en una vida con esa expectación?

Pedro reitera lo que dijo anteriormente acerca de la paciencia del Señor y luego, menciona a su colega en el ministerio, al conocido apóstol Pablo (versículos 15 y 16). ¿Qué dice Pedro de las epístolas de Pablo y cómo las clasifica?

¿Qué advertencia presenta Pedro en el versículo 17?

¿En qué manera el versículo 17 regresa a 2 Pedro 1:12 al principio de la epístola?

¿Cuál es la instrucción final de Pedro (versículo 18) que ya había entregado a sus lectores un poco antes (2 Pedro 1:3-8) para poder cumplir con estas instrucciones finales?

Pedro finaliza con una hermosa doxología, la cual resulta ser inusual. La mayoría de las doxologías que encontramos en el Nuevo Testamento cumplen el propósito de exaltar a Dios, el Padre. Sin embargo, la doxología del versículo 18, honra a Jesucristo. Pedro conocía al Señor, como un amigo humano y como Señor soberano, y amaba a Jesús más que a él mismo. «¡A él sea la gloria!», que así sea. ¡Ven pronto, Señor Jesús!

## CONVERSEMOS

1. Esperar: es todo lo que tenemos que hacer, a veces por períodos prolongados. Pedro supone que estamos esperando en un espíritu de expectación el regreso de Cristo, que será cuando nos lleve a nuestro hogar eterno (versículo 14). Esperar requiere paciencia y es un atributo del carácter de Dios que Pedro resalta esta semana. Dios nunca está apresurado, ya sea que se trate de sus grandes propósitos para el mundo o de sus propósitos para nuestra vida. ¿Existe algo por lo que hayas esperado y orado por un tiempo prolongado? ¿Qué te anima a seguir esperando con base en el estudio de esta semana? O, el estudio de esta semana, ¿ha cambiado tu perspectiva en tus deseos largamente anhelados?

2. Menciona algunas formas prácticas que puedes usar para actuar conforme a lo que Pedro nos dice al final de la epístola: «Antes bien, crezcan en la gracia y el conocimiento de nuestro Señor y Salvador Jesucristo» (versículo 18).

3. Antes de terminar nuestro estudio de las dos epístolas de Pedro, resume lo que has aprendido acerca de:

- La gran historia de toda la Biblia:

- El carácter del Dios todopoderoso:

- La salvación en Jesucristo:

# RECURSOS ÚTILES SOBRE 1 Y 2 PEDRO


Clowney, Edmund. *The Message of 1 Peter*. The Bible Speaks Today. Edited by John R. W. Stott. Downers Grove, IL: InterVarsity Press, 1988.

Helm, David R. *1–2 Peter and Jude: Sharing Christ's Sufferings*. Preaching the Word. Edited by R. Kent Hughes. Wheaton, IL: Crossway, 2015. First published 2008.

Jobes, Karen. *1 Peter*. Baker Exegetical Commentary on the New Testament. Grand Rapids, MI: Baker Academic, 2005.

Smart, Dominic. *When We Get It Wrong: Peter, Christ, and Our Path through Failure*. Revised Edition. Fearn, Ross-shire, UK: Christian Focus, 2019.

# RECURSOS ÚTILES SOBRE 1 Y 2 PEDRO


Clowney, Edmund. *The Message of 1 Peter*. The Bible Speaks Today. Edited by John R. W. Stott. Downers Grove, IL: InterVarsity Press, 1988.

Helm, David R. *1–2 Peter and Jude: Sharing Christ's Sufferings*. Preaching the Word. Edited by R. Kent Hughes. Wheaton, IL: Crossway, 2015. First published 2008.

Jobes, Karen. *1 Peter*. Baker Exegetical Commentary on the New Testament. Grand Rapids, MI: Baker Academic, 2005.

Smart, Dominic. *When We Get It Wrong: Peter, Christ, and Our Path through Failure*. Revised Edition. Fearn, Ross-shire, UK: Christian Focus, 2019.

# NOTAS

1. «The Setting of 1 Peter» map, tomado de la página 2402 de la ESV® Study Bible (The Holy Bible, English Standard Version®), derechos de autor © 2008 por Crossway. Usado con permiso. Todos los derechos reservados.
2. «Events in Peter's Life» tomado de la página 2404 de la ESV® Study Bible.
3. Karen H. Jobes, *1 Peter*, Baker Exegetical Commentary on the New Testament (Grand Rapids, MI: Baker Academic, 2005), 261.
4. Jeffrey Waddington, «The Trinity: Praying to the Father, through the Son, by the Spirit» *Place for Truth* (blog), 12 de agosto de 2016, https://www.place for truth. org/blog/trinity-praying-father-through-son -spirit.
5. Fred Sanders, *The Deep Things of God: How the Trinity Changes Everything*, 2nd ed. (Wheaton, IL: Crossway, 2017), 142. El diagrama se tomó del mismo. Usado con permiso de of Crossway, un ministerio editorial de Good News Publishers, Wheaton, IL 60187, www.crossway.org.
6. David R. Helm, *1–2 Peter and Jude: Sharing Christ's Sufferings*, Preaching the Word, ed. R. Kent Hughes (Wheaton, IL: Crossway, 2008), 106.
7. Martin Luther quoted in Helm, *1–2 Peter and Jude*, 119.
8. Jobes, *1 Peter*, 313.
9. Jobes, *1 Peter*, 314.
10. Helm, *1–2 Peter and Jude*, 179.
11. Helm, *1–2 Peter and Jude*, 193.
12. Quiero contarles lo mucho que me esforcé en evitar la división del versículo final del estudio de esta semana, el versículo 10, entre dos semanas. Sin embargo, cuando lees la carta de Pedro en este punto, la manera más lógica era dividir el material para un estudio bíblico. Por eso, partí el versículo 10 en dos, con 10a concluyendo el estudio de esta semana, y 10b empezando la semana siguiente.
13. «Balaam» ESV® Student Study Bible online, https://www.esv.org/resources/ esv-student-study-bible/profiles-numbers-balaam/.